いま、教室に生きる
教育の思想と歴史

勝山吉章・江頭智宏・江玉睦美・藤井利紀・松原岳行 著

あいり出版

目　次

目　次

まえがき

　本書は、主として大学や短期大学において、教職課程を履修している学生たちに向けて書かれたものである。とりわけ私たちは、本書の内容が、教職課程コアカリキュラムに提示された「教育の基礎的理解に関する科目」の「教育の理念及び教育に関する歴史および思想」に適合することを視野に入れて執筆した。その際、私たちは、アカデミズムとプロフェッショナリズムの統合を目指した。単に教育実践の「役に立つ」だけの視点なら、高等教育機関で教師教育をする必要はない。かといって、現実の教育実践に生かされないアカデミズムは、単なる机上の空論に終わる。世紀転換期に一時流行したポストモダン論議などはその典型であろう。近代化批判は、アカデミズムとしては結構だが、その先をどう見通すかなどは無責任に捨象されていたように思える。

　本書を通読してもらうと、学校教育法や学習指導要領に定められている内容、「知識・技能」「思考・判断・表現」「主体的に学習に取り組む態度」（学びに向かう力、人間性等）といった学力の三要素や、「主体的・対話的で深い学び」（アクティブラーニング）、教科横断型のカリキュラムマネジメントなどは、古代ギリシャの時代から、再三再四、論じられてきたことがお分かりいただけるだろう。教育の歴史や思想を振り返ることは、未来の教育のあるべき理想像を追うことにつながる。ビスマルクは、「愚者は経験に学び、賢者は歴史に学ぶ」と言ったとされるが、けだし名言である。

　本書の後半は、思想史が中心となっている。教育史は、戦後一時期まで思想史や制度史が中心だったが、社会史研究やポストモダン論議などが教育史に組み入れられ、アカデミズムとしての多様性を増したと思う。その一方で、教育史に教師としての理想像を求める学生にとっては魅力が半減したようにみえる。先人の優れた教育活動を伝える教育の思想史は、ともすれば教師としてのあり方、生き方を強要する「講談教育史」になる可能性を含むが、やはりこれから教職を目指す学生にとっては魅力的に写るのではないか。だからこそ、ヴァイマール期のドイツにおいて、教員養成を高等教育機関で行うようになった際に、教育学の基礎科学として思想史が多用されたのであろう。同様のことは戦後、大学で教員養成が行われることになった日本にも言えることだと思う。

　最後の第8章では、ナチズムと教育を取り上げた。これは、リベラルで民主的な教育実践、教育思想も社会状況、時代状況によっては、その教育内容が換骨奪胎されて、権力主義、全体主義に利用されていく危険性を訴えたかったからである。また、教育史で卒論等を書く場合の参考にしていただけたらと欲張った。

　私たちは、何よりも本書を通して、教育に対する感動、教師として生きる生きがいを伝えたいと願っている。本書が、教職課程で学ぶ学生のみならず、教育実践家や教育学研究者、そして生涯学習の場でも生かされるのなら望外の喜びである。本書は2011年3月11日にあいり出版から刊行した『西洋の教育の歴史を知る－子どもと教師と学校をみつめて－』の改訂版として上梓した。同日は、東日本大震災が起こった日である。人災を含むあまりの被害に声を失った。あれから十余年。復興が進んだとはいえ、被災された方々の苦難や悲しみが消えるはずはない。再び災禍に苦しむことのない社会が求められる。そのためにも、教育を通してよりよい未来社会を担う国民形成が必要であり、本書がほんのわずかでもその一助になれたら幸いである。

　今回も、あいり出版の石黒社長には大変お世話になった。ここに記して感謝の意を表したい。

　2023年4月
　　著者代表記す

第1章　地中海世界の教育

1）古代ギリシャから語る教育史

　先史時代から広範な意味での教育の歴史は始まっている。狩猟などの生活上の技能や祭祀などは親世代から子世代へ、先祖代々受け継がれた。このような無意図的教育ではなく、意図的、計画的に行われる教育を語ろうとすると古代ギリシャから教育の歴史を始めるのが通例である。

　前8世紀頃、ギリシャではポリス（polis）と呼ばれる都市国家が誕生した。ポリスの多くは、城塞に囲まれた中心部と城塞外の村落に分かれた。中心部（アクロポリス）には神殿と広場（アゴラ）があり、貴族や富裕な市民層が住み、村落には農民層などが定住した。当時のギリシャ人は、自らをヘレネス（hellenes）と称し、その地をヘラス（hellas）と呼んだ。異民族をバルバロイ（barbaroi）として区別した。

　ポリスの数は、最盛期にギリシャ本土だけで約100、植民市を入れると1000を超えたという。ポリス間には戦火が絶えなかったが、次第に覇権を確立していったのがドーリア族のスパルタとイオニア族のアテネだった。これらポリス内では、ごく少数の貴族と自由市民（平民）が多数の奴隷を支配していた。時代によって違うが、スパルタでは30万人の奴隷を1万人の自由市民が支配し、アテネでは総人口の3分の1が奴隷だった。したがって、古代ギリシャのポリスでは、ポリス外では武器を持って外敵と戦い、ポリス内では奴隷を強権的に支配する戦士の育成が重要な教育課題であった。

（1）　スパルタとその教育

　スパルタでは、人々は軍役義務と参政権をもつ完全市民であるスパルタ人と、軍役義務はもつが参政権をもたないペリオイコイ（perioikoi）と、先住民で農耕に従事した農奴・奴隷であるヘロット（helot）の3身分に分かれていた。ペリオイコイは商工業などに従事し都市周辺に居住した。

　古代スパルタ王朝の立役者リュクルゴス（Lykurgos、位：前219-210）の立法によると、国政は、国王、元老、国民会議、執政官によって行われた。国王

は正副２人であり、元老は60歳以上の市民から30人、国民会議は30歳以上の全スパルタ人によって構成された。スパルタにも古代民主政の精神が宿っていたと言える。

外国との闘いや、ヘロットの度重なる反乱に脅かされたスパルタ人は、その支配を確固たるものにするために、極めて特殊な軍事的集団を作り上げた。

子どもは国家の所有物とみなされた。生まれるや長老によってその生殺与奪が決められた。障害などを背負った子どもは捨てられた。産湯には葡萄酒が使われ、おむつは使われずに手足を自由にして育てられた。

７歳になると、共同の養育所に入れられ、五種競技（競争、跳躍、円盤投、槍投、レスリング）や拳闘など全裸による訓練が課せられた。パンクラティオン（pankration）という実戦的なレスリングでは、急所を攻撃して相手をいかに早く殺すかを訓練された。少年たちは、粗末な食事や衣服を与えられ、固い寝具で兵営生活を送った。沐浴やオリーブ油を塗ることは年に数回しか認められなかった。痛みや困窮などあらゆる艱難辛苦に耐えることが求められ、歌や笛吹きなどは実戦で役立つもののみが認められた。命令には忠実で、不屈であることが美徳とされた。知的教育は、必要最小限に限定された。30歳になると軍事訓練は一応終了し市民となり、共同生活を離れるが、60歳まで兵役義務があった。彼らは結束を持続するために、お互いの食事を持ちより共同の食事を行った。

最強の戦闘集団と謳われたスパルタの軍団であるが、そこには特別な習慣があった。同性愛である。愛する先輩（エラステス erastes）と愛される後輩（パイディカ paidika）の関係は、兵営や露営地で日常的に行われ、野戦で頂点に達した。性的に結びついた者同士の結束は固く、軍団を無敵とした。

少女たちは、将来的に子どもを産む役割を期待され、頑健な身体をつくるために裸体での運動競技を課せられた。強壮な子どもをもつことがスパルタ人の名誉とされたことから、若い妻をもった老人が、若い男を妻に与えて子どもを産ませるとか、ひ弱な妻をもった男が、友人に頼んで友人の妻に自分の子どもを産ませる行為もあったという。

ペルシャ戦争（前492-479）後、アテネを中心とするデロス同盟に対して、スパルタはペロポネソス同盟を結んで対峙した。やがてペロポネソス戦争（前

431-404）でアテネに勝利するが、度重なる戦争による疲弊とペルシャによる干渉のためスパルタの覇権は永続きせず、やがてテーベ（Thebai）がギリシャの中心となっていった。

（2）　アテネとその教育

　強固な軍事体制をとったスパルタに比して、アテネの民主政はよく知られる。前8世紀頃のポリスは貴族が実権を握っていたが、人口増加に対処するため植民市を建設した。植民市と母市の交易が盛んになるに従い、商工業と貨幣鋳造が広がった。富裕な農民や商工業者（平民）が増加する一方で、貴族の零落もはじまった。平民は武具を自弁する重装歩兵でもあり、軍事的政治的な地位の高まりとともに、貴族の政治的独占と対立した。そのようななかで、両者の調停にあたる立法者や独裁者とされる僭主（チュランノス tyrannos）が現れた。

　立法者ソロン Solon（前640頃-560頃）は、身体を借財の抵当とすることを禁止し、市民の奴隷化を防いだ。また、財産によって市民を4等級に分け、それぞれに権利と義務を課した。ソロンは、結婚は精神的愛によって行われるべきで、夫婦の貞操は強固であるべきことを説いた。また、アテネ市民の男子は全て体操と音楽によって教育されるべきことを定めた。僭主ペイシストラス Peisistras（前600頃-前527）は、中小農民の保護育成、貧民救済、商工業の発展に尽くした。

　クレイステネス（Kleisthenes、前6世紀末頃）の、独裁をするであろう人物を陶片に書かせる陶片追放（オストラキスモス ostrakismos）によってアテネの民主政の基礎が確立した。アテネの国政は、全市民が参加する民会と、部族によって選出される評議会によって運営され、貴族と平民の区別は、あまりみられなくなった。

　アテネでは、誕生の際の子どもの生殺与奪は親が決定した。母親や乳母の下で育てられた子どもは7歳になると、私立施設であるパライストラ（palaistra 体操学校）やディダスカレイオン（didaskaleion 音楽学校）に通った。その際、パイダゴーゴス（paidagogos）と呼ばれる老齢の奴隷が付き添った。彼は子どもの礼儀作法など躾を担った。

　パライストラでは、五種競技の他、拳闘や舞踏、水泳などが行われた。ディ

ダスカレイオンでは、初歩の読み書きや文法、琴などの楽器の演奏、ホメロス（Homeros、前8世紀頃）やヘシオドス（Hesiodos、前700頃）などの詩歌の暗唱が行われた。アテネの少年たちは、ホメロスの『イリアス』や『オデュッセイア』、ヘシオドスの『神統記』などの神話に基づく物語を聞き、暗誦することによって、武勇や情愛を誇るギリシャ人としての生き方・あり方を習得していった。スパルタに比してアテネでは、情操を含めた調和的な人間的形成がはかられていたといえる。

　神話は宇宙、自然、人間について語ることから、古代ギリシャでは自然や人間についてロゴス（理性 logos）で探ろうとする潮流が生まれた。そしてテオーリア（観想 theoria）によって根源（アルケー arche）を知ろうとする精神が生まれたが、これを哲学（愛智 philosophia）という。自然を知る自然哲学では、水を万物の根源と唱えたタレス（Thales 前624頃〜546頃）や世界の秩序を数に求めたピュタゴラス（pythagoras 前530頃）などが著名である。また神話の勧善懲悪は、理性によって正義や良心を探究する哲学に道を拓いた。

★図1-1-1　パライストラで円盤投げ、レスリング、槍投げをする少年たち　前500年頃

★図1-1-2　琴の演奏や読み書きを学ぶ少年　前480年頃

　16歳になると彼らは、准市民エフェベ（ephebe）となり、国立施設であるギムナシオン（gymnasion 高等体操学校）で、より実戦的な武道教育を行った。大人たちの仲間入りを許され、劇場への出入り、政治談議を行い、18歳になると自由市民の名簿に登録され、公の場で軍装が与えられた。そして国境警備などの軍務に服して、神々と国家に対する忠誠が証明されると、20歳にしてアテ

ネ市民として認められた。

★図1-1-3　競技会に向けて裸で　★図1-1-4　国境警備もしくは戦に向かう息子を
　　　　　訓練する青年たち　　　　　　　　　送る父母　前４世紀
　　　　　前500年頃

　アテネの子どもたちは、今日にも伝わる遊びをしていた。コマ廻し、輪廻し、
ヨーヨー、大理石でできたビー玉遊び、着せ替え人形（陶器の人形の手足は
羊の腸でくっつけられていた）、動物の骨でつくったサイコロ遊びなどである。
少年愛は、スパルタのように組織的には行われなかったが、上流社会を中心に
広くみられた。むしろ夫婦愛のように男女の愛が尊重された。

★図1-1-5　コマ廻し、輪廻し、ヨーヨーで遊ぶ子どもたち

　ダレイオス１世（Dareios、位：前522-486）の治下で大帝国となったペルシ

ャは、ギリシャ地方に覇権を広げてきた。アテネやスパルタなどギリシャ連合軍は、陸戦、海戦においてペルシャに勝利した。これをペルシャ戦争（前500-449）という。なかでも前480年のテルモピュライにおけるスパルタの戦いは、ペルシャ戦争を記したヘロドトス Herodotos 前484頃-425頃）の『歴史』の白眉である。レオニダス王率いる僅か300人が、ギリシャの防衛拠点を死守すべく、20万人を超えるペルシャ陸軍と戦い、刀折れ、矢がつきると最後には素手で戦い全滅した。

　戦後、アテネはデロス（Deros）同盟の盟主となりペルシャの反攻に備えるとともに、内政では、ペリクレス（Perikles、前495頃-429）時代という黄金期を迎えた。平民が、軍船のこぎ手として活躍したことから発言権が増し、直接民主政である民会が最高議決機関となって古代民主政が成立した。

　民会では多数決によって政策が決定されるので、社会的上昇を願うアテネの青年たちは、民会での議論に勝てるように弁論術（修辞学）の習得に励むようになった。乱世においては武術が、治世においては弁論術が重宝された。その期待に応えて登場してきたのが人間としての徳（arete）を説くソフィスト（sophistes）と呼ばれる職業的教師である。著名なものとして、プロタゴラス（Protagoras、前485頃-415頃）やゴルギアス（Gorgias、前483頃は-376）をあげることができる。

　プロタゴラスは、ペリクレスの知遇を得てアテネに来た。彼は「神々についてはそれが存在するかしないか何も知らぬ」とか「人は万物の尺度である」という言葉を残した。これは善悪や価値に絶対的基準はなく（相対主義）、人の解釈によってどのようにでもなるという主観主義に基づく。したがって弁論術は「弱き論を転じて強き論となす術」となりうるものであり、行政官や裁判官を目指す青年にとっては必須の素養となった。シチリア生まれのゴルギアスもアテネに来て、青年たちに弁論術を教えた。

　ソフィストは、求めに応じて各地を放浪し、高額の報酬を得た。また、黒を白と言いくるめる方法を説くことから詭弁家と解釈されたこともあるが、哲学や法律、社会制度など、その後の学術の発展に寄与した。なお、イソクラテスIsokrates（前436-338）が開設した修辞学校は、弁論術を学ぶ青年たちによって評判を得た。

　ペリクレスの死後のアテネでは、デマゴーグ（民衆扇動家）による支配など民主政の弊害が出て衆愚政に陥った。そのためギリシャの覇権をめぐって戦ったペロポネソス戦争においてスパルタ連合軍に敗れた。戦後のアテネは、中小農民の没落や高利貸しの暗躍などによって次第に衰退していった。

２）古代ギリシャの教育思想家
（1）　ソクラテス

　アリストファネス Aristophanes（前445-385）の『雲』ではソフィストとして描かれているソクラテス Sokrates（前470-399）は、父親が石工、母親が産婆としてアテネで生まれた。ペロポネソス戦争では勇敢な戦士だったと伝えられているが、日常では粗末な衣服をまとい、世俗的な欲望には淡泊であったという。

　彼が生きた時代のアテネは、ペロポネソス戦争を経て、繁栄を誇ったアテネが次第に没落していく時代であった。中小農民が没落し、ポリス防衛を忌避する市民が増加した。とくに民主政とは名ばかりで扇動家が政治を牛耳り、古き良きポリス社会が終焉を迎えつつある時期でもあった。そのなかにあってソクラテスは、未来を担う青年を有徳にすることによって、ポリスの復興をはかろうとした。彼の妻クサンチッペ（Xantippe）は悪妻の典型とされるが、生活を顧みず、美青年ばかり追いかける夫に憤慨しない方がおかしい。尿瓶から尿をふっかけたとかの悪妻伝説は、後世の作り話であろう。

　ソクラテスは、30歳前後のころ、「汝自身を知れ」というデルフォイ神殿の銘文と、「ソクラテスにまさる賢者はいない」の神託の意味が分からず苦しんだ。自らの無知を疑っていなかった彼は、そこでアテネ中の賢者を尋ねてまわってその知を問うたところ、皆その無知を暴露した。

　そこでソクラテスは、自らの無知を自覚しているからこそ、神によって賢者として評されていることを知った。彼は、全てのアテネ市民にこの「無知の知」を自覚させることが、アテネを再生させることにつながると考えた。

　彼は、自らを愚者として装って青年に近づき、まず身近な問題から問答をはじめる。次第に高度な話題になって、対話のなかから相手のもつ思い込み（ドクサ）を破壊し、知的行き詰まり（アポリア Aporia）に追い込む。そして相手は、

自らの無知を自覚する。これをエイロネイア（eironeia＝皮肉）という。　無知を自覚した青年は、今度は、真の知識を得たいというエロス（Eros）を生じせしめる。エロスとは、人間本来に宿っている真善美を求める衝動である。このように対話をすすめるなかから、真理を浮かび上がらせる手法を産婆術ともいう。

　ソクラテスが求める知とは、例えばソフィストによって格言的にもたらされる知ではなく、自らが探究し、発見していく知である。そしてその知は、教え込まされた徳ではなく、理性の働きによって得られた真の徳となるものであった。こうして「知は徳なり」にたどり着く。

　彼は、このようにして有徳なアテネ市民を育てることを自らの使命として市内をさまよったが、その姿は、美青年ばかりを追いかけ回す不逞の輩と写り不興を買った。行動を改めるように言われても聞かなかった彼は、「青年を腐敗させ、国家の認める神を信じず、新しい神霊を信じた」として死刑を宣告された。処刑の前日、逃亡を勧める友人に「悪法もまた法なり」と言って自ら毒杯を飲んだとされる。

（2）　プラトン

　プラトン（Platon, 前427-347）は、アテネの名門貴族の子として生まれた。名門貴族の常として政治的リーダーを志すが、ペロポネソス戦争を通じてアテネに蔓延した、扇動家支配による衆愚政などに幻滅して20歳のとき、ソクラテスの門人となった。後に彼が著す著作の多くは、ソクラテスとの会話を紹介している。

　弊衣で裸足のみすぼらしい60歳過ぎの老人と、上流貴族の御曹司の交流は一見奇異だったであろうが、プラトンは最大限の尊敬をもって師に仕えた。常にものごとの背後にある普遍的な真実を対話によって探究しようとするソクラテスの姿勢は、プラトンのイデア思想形成に多大な影響を与えた。8年後、そのソクラテスが処刑されるや、プラトンはアテネに失望し、イタリア、シチリア、エジプトなどを遍歴した。このとき、イタリアでピュタゴラス派やエレア派と交流をもったとされる。両派は、多様にみえる現実世界における普遍性を追究した。

　40歳の頃、アテネに戻り前387年に青年教育の場であるアカデメイア（akademeia）を設立した。その扉には「幾何学を知らざる者、入るべからず」と記されていたという。当時、アカデメイアの名声は、ゴルギアスの門弟イソクラテスの修辞学校と並んでいた。ただし、イソクラテスの修辞学校が万人に開かれていて実利的であったのに対して、プラトンのアカデメイアは少数精鋭のエリート主義で貴族主義的であった。

　プラトンの教育思想をさぐるには、まず、彼のイデア（idea）を埋解せねばならない。彼の主著『饗宴』によるとイデアは、生成変化する森羅万象あらゆるものの背後にある実在であるが、理性によってのみ観照できるものである。イデアは善なるも美なるものの源泉である。

　人間の霊魂は、肉体に宿る前はイデア界にあったので、霊魂は善や美の世界であるイデア界に帰ろうとする。これがエロスである。このイデアを観照できる哲学者は、その言動において美や善をなすに違いない。したがってこのような哲学者こそが、哲人王として哲人政治を行い、腐敗したアテネを再生できるとプラントンは信じ、青年教育に従事した。

　彼の教育思想は主著『国家』から伺える。プラントンは人間には三つの本性があると述べる。「金のようなもの」である理性、「銀のようなもの」である激性、「銅のようなもの」である欲望である。理性に長じた者は支配者となり、激性に長じた者が軍人となり、欲望に留まる者が生産者（農民や手工業者）にならねばならない。国家を形成するそれぞれが、その天分に応じてこそ、理想の国家が形成されるとプラトンは説く。

　そして、支配者がその理性を十分に発揮するとき智恵（sophia）の徳が備わり、軍人が支配者に従いながらその職責を果たすとき勇気（andreia）の徳が成立し、生産者がその欲望を抑えるとき節制（sophrosyne）の徳が生じる。国家の構成員がこれら三つの徳を備えたとき、彼らには正義（dikaiosyne）の徳が生まれる。国家全体がこれら四つの徳（智恵、勇気、節制、正義）を備えたとき、理想の国家（完全に善なる国）が誕生する。

　プラトンは、このような理想国家を実現するために、その教育について論じる。まず20歳までは、音楽と体操を施され、心身の調和的育成がはかられる。成績の良くない者は生産者にとどまる。選ばれた者は、30歳まで幾何学、天文

学、算術、音楽理論などによって哲学の準備教育をなされるが、成績の振るわない者は軍人にとどまる。そしてごく少数の選良が35歳まで哲学（弁証法）の研究を行い、善のイデアを観照した者が、政治や軍務での実務を行いながら50歳ではじめて哲人としての教育を完了する。このようにして哲人王が出現し、哲人政治が行われるが、彼は重い道徳的義務を背負いながら国政を司るのである。アカデメイアの究極の目的が、この哲人王の育成であった。

　プラトンはこのようにして、自らが衆愚政ととらえた混沌としたアテネ政界の浄化をはかろうとした。実際、シチリア島の植民市に赴いて、哲人政治を行ったが不首尾に終わった。

（3）　アリストテレス

　父や祖父を医者に、マケドニアに生まれたアリストテレス（Aristoteles 前384〜322）は、17歳から約20年間、アテネでプラトンの下で学んだ。プラトンは「学園のこころ」と彼を呼んだ。プラトンの死後、マケドニアに戻り、フィリッポス2世（Phillippos II、位：前359-336）の委嘱を受けて王子アレキサンドロスの教育を行った。

　アレキサンドロスの即位後（前335）、アリストテレスはアテネに戻ってリュケイオンに学塾をひらいた。彼が、リュケイオンの小径（peripatos）を弟子たちと逍遙しながら講義したことから、彼の学派は逍遙学派（peripakoi）とよばれる。彼は、生産や軍事など多忙（アスコリア）のなかの生活ではなくて、閑暇（scole スコレー）のなかの観想（テオーリア）的生活こそが、自由人の特権であると述べた。

　彼は主著『ニコマコス倫理学』などで人間像を描いている。彼によると、人間には生殖と栄養を掌る植物的精神、感覚や欲望を掌る動物的精神、言語を有し正悪を判断する理性的精神があり、「理性」が「植物」と「動物」を統制するとき、幸福があるという。この理性は、日常生活のなかで中庸（mesotes）を重んじながら習慣的に実践されることによって、勇気（無謀と臆病の中庸）、高邁（虚栄と卑屈の中庸）、温和（短気とふぬけの中庸）などの「倫理的な徳」が生じる。徳のなかで最も重要なものが正義と友愛である。また、智恵（ソフィア）や賢慮（フローネーシス）などの「知性的な徳」も、観想なかで理性を

働かせながら、徳を有している人との交わりの中で身に付けねばならない。

　では、このような有徳の人はどう育てられるか。同書によれば、７歳までは質実ななかで苦難に耐えることを学び、７歳から少年期までは体操やとりわけ音楽（詩を含む）で育てられ、少年期から青年期にかけて、文学、地理、哲学などを、そのなかで優れた者は、倫理学、修辞学、生命科学などを教えられるという。この内容がリュケイオンの学塾に踏襲されていたことは疑いない。

　アレキサンドロスの死後、アテネではマケドニア人に対する迫害が起こったため、アリストテレスはアテネを去って、前323年母方の故郷であるカルキスに身を寄せたが、不遇なまま翌年に死去した。

３）ヘレニズムからローマへ、その教育

（１）　ヘレニズム時代

　ギリシャ北部の辺境の地であったマケドニアは、フィリッポス２世の治下に国力を増強して、前338年アテネ・テーベ連合軍をカイロネイアで打ち破った。その子アレクサンドロス大王（Alexandros、位：前336-323）は、傘下に入ったポリスの連合軍を率いて東方遠征し、大王とその後継者によって、インド北西部からエジプトに広がる大帝国を形成した。東方遠征から、そのプトレマイオス朝エジプトがクレオパトラの自死（前30）によって断絶されるまでをヘレニズム時代という。

　プトレマイオス朝エジプトの首都アレクサンドリアは、ヘレニズム時代に最も栄えた都市だった。良港を備え、地中海貿易の中心地としても商工業都市としても繁栄した。その都市の建設者プトレマイオスⅠ世は、前305年に王の称号をもってエジプトに君臨した。大王の幼なじみで、ともにアリストテレスによって教育された。

　彼は、同地にムセイオン（mouseion＝博物館）という研究施設をつくり、天文台なども設けた。ムセイオンには地中海の各地から研究員が招かれた。彼の子プトレマイオスⅡ世は、ビブリオテーケー（bibliotheke＝図書館）を建て、ヘレニズム世界の各地から多様な言語の文献を集めた。アレクサンドリアは、地中海世界の学術の中心地となって繁栄を極め、幾何学のエウクレイデス（Eukleides＝ユークリッド、前300頃）や物理学・数学のアルキメデス

（Archimedes、前287頃-212）など著名な学者を輩出した。

　ヘレニズム時代に生まれた哲学として、ゼノン（Zenon 前335頃〜263頃）を始祖とするストア派と、エピクロス（Epikouros 前341頃〜270頃）派が著名である。前者は、自然と調和し理性を働かせて欲望や快楽などの情念（pathos）を克服する禁欲主義を説く。そうすることで自由な境地（apatheia）に辿り着き、幸福が訪れるという。後者は快楽こそが幸福であるという快楽主義を唱えるが、それは刹那的な肉体的快楽では無く、欲望に支配されない魂の平安（ataraxia）を指す。

（2）　古代ローマ「共和政の時代」（前509-前27）

　ローマは、イタリア半島ティベル川に沿ってラテン人によって建てられた都市国家だったが、前509年、エトルリア人の王を追放して貴族（パトリキ patricii）が実権をもつ共和政を敷いた。やがて、ローマの版図の拡大とともに、重装歩兵として参戦する中小農民や商工業者などからなる平民（プレブス plebs）の発言権が増した。前287年のホルテンシウス法は、貴族と平民の政治上の同権を謳った。

　前272年、ローマはイタリア半島を統一した。そしてポエニ戦争（前264-146）の勝利を経て、マケドニアやギリシャ、小アジアにわたる地中海の覇権を確立した。しかしながらローマは、戦争の長期化で重装歩兵となっていた農民が没落し、あらたに属州となった地域での政治の腐敗や奴隷の反乱などによって危機を迎えた。ローマ支配層のなかでは、共和政を擁護する民衆派（populares）と、元老院の権威を重んじる閥族派（optimates）との権力闘争が繰り広げられるなかで、オクタビアヌス（Octavianus、前63-後14）が政治・軍事上の権力を握った。彼は、前27年にアウグストゥス（Augustus＝尊厳者）と称され事実上の皇帝となった。

　共和政期の古代ローマは、農耕社会が基本であり家が社会生活の単位を形成していた。家は祖先崇拝の祭壇であり子女教育の場であった。家長である父親は祭司でもあり、その権威は絶大であった。前451年につくられた十二表法（十二銅板法）は、子どもの生殺与奪（殺害、遺棄、譲渡）の権利を父親に認めていた。十二表法は、貴族の専横に対する平民の闘いから生まれたもので、父権、

訴訟手続、相続、犯罪や不法行為、宗教などについて規定した。祖先への崇拝と読み書きの初歩を教え、この十二表法を暗誦させ、武芸や農耕技術を伝えることが父親の役割だった。

　前300年頃になると、ローマなどの都市にルードゥス（Ludus）と呼ばれる初等学校が現れる。ルードゥスとは元来、遊びや娯楽を意味するが、市場の路地裏や三叉路などで開かれた。

★図1-3-1　初等学校の授業風景。教師が生徒を鞭打っている　帝政初期

　ローマの版図がギリシャへ拡大するとともに、前2世紀頃、ギリシャ語を学ぶ文法学校が生まれた。それは今日的意味での中等学校の役割を担った。また、前1世紀には高等学校の役割を担う修辞学校が設けられ、ギリシャ的弁論術が教授された。プロティウス＝ガルス（Plotius Gallus）が前94年頃に開いた修辞学校が嚆矢とされる。

　ローマにもたらされるヘレニズム文化には、質実剛健を誇った共和政期のローマ支配層を激怒させるものがあった。例えば、ギリシャ流の同性愛や、前186年に参加者が一斉に検挙された酒席での乱痴気騒ぎディオニュソス（バッカス）の秘儀などである。ギリシャ的修辞学も、屁理屈をこね回すとして忌避され、前161年には元老院によって修辞学者の追放が布告された。

★図1-3-2　文法教師（グラマティクス Grammaticus）と巻き本をもつ生徒。および
　　　　　書字板をもつ生徒　後190年頃

　ギリシャ国粋主義者でポエニ戦争の英雄カトー（Marcus Porcius Cato, 前
234-149）は、節操のないギリシャ文化の導入を排し、市民の奢侈逸楽を戒めた。
そして自ら子どもの教育にあたり、読み書き、武芸の手ほどきをした。子ども
に古き良きローマ史を伝えるために『起源論 origines』を著した。また、生活
上の訓言を集成した『童子訓』も子どものために残した。

　ギリシャ保守派の抵抗は続いたが、ギリシャの哲学や弁論術は、次第にロー
マ知識人に浸透していった。キケロ（Marcus Tullius Cicero, 前106-43）は、
カエサル暗殺（前44）に見られる政治上の混乱期に、ギリシャ的教養を身につ
けた軍人や政治家の登場を願って『雄弁家論』を著した。雄弁家には音声など
の素質と、哲学、歴史、法律などの基本的教養やユーモアが必要であると説く
彼は、理性的で有徳な雄弁家による政治の浄化と社会の改良を期待した。

（3）　古代ローマ「帝政の時代」（前27-後476）

　アウグストゥスの治下に始まる帝政ローマは、地中海世界の覇権を確立し、
五賢帝時代（96-180：ネルヴァ、トラヤヌス、ハドリアヌス、アントニヌス＝
ピウス、マルクス＝アウレリウス）にその繁栄の頂点を迎え、「ローマの平和」
（Pax Romana）が保たれた。だが、コロッセウム（円形闘技場）で人間と人間、

人間と野獣を殺し合わせるなど、ローマ市民のなかで享楽傾向が強まると共に、強大な帝国も増税などによって次第に衰退しはじめた。

ディオクレティアヌス帝（Diocletianus、位：284-305）は政治、税制、通貨、兵制などを改革して帝国の維持に努めたが、皇帝の神聖化に従わないキリスト教徒を迫害した。キリスト教徒は、様々な迫害においても屈せず、次第にローマ全域を覆うようになったので、コンスタンティヌス帝（constantinus、位：306-337）は313年、ミラノ勅令を出してキリスト教を公認した。彼は、依然として多神教の影響が強いローマを離れ、ビザンティオン（コンスタンティノーブル）に遷都（330年）した。やがてゲルマン民族の移動はローマを東西に分割し（395年）、東ローマはその後ビザンツ帝国などとして継続するが、西ローマ帝国は476年に滅亡した。

帝政期のローマでは、歴代皇帝が学術を保護した。アウグストゥス帝は、二つの公立図書館を建設し、トラヤヌス帝やコンスタンティヌス帝なども図書館の建設に努め、最盛期には28の公立図書館があったという。また彼らは修辞学者や哲学者などの知識人を援助した。ヴェスパシアヌス帝（Vespasianus 位69-79）は、勅任教授制度を設け修辞学校教師の給料を国庫から支払った。アウレリウス帝は哲学教師や修辞学教師に恩給を与えた。コンスタンティヌス帝期には、公役免除、裁判特例、国庫給与の３つの特権が確立された。

そのような知識人の一人セネカ（Lucius Annaeus Deneca、前４頃-後65）は、暴君ネロの家庭教師も務めたが、後に謀反の疑いをかけられて死に追いやられた。彼は、理性による感性の克服に徳と幸福を求めるストア学を根本思想として『善行について』（De Beneficiis）などの作品を残した。また彼は、閑暇のためではなく生活のために学ばねばならないとして、実用的でない知識や言葉をただ弄ぶ修辞学者を批判した。

クインティリアヌス（Marcus Fabius Quintilianus、35頃-95頃）は、ヴェスパシアヌス帝によって最初に勅任教授となったローマを代表する修辞学校教師である。彼は『雄弁家教育論』を著し、幼児期からの教育のあり方を説いた。鞭などの体罰を排し、共同生活のなかで友情や社会性を培う学校の役割を重視した。そして、パイダゴーゴスに子弟の教育を任せきりにすることを戒めた。彼は、哲学や雄弁術を修得した「完全な雄弁家」は国家のために正義を実現す

る「善き人」でなければならないと唱えた。

（4）　古代ローマの子どもの生活

　キリスト教によって席捲されるまでのローマは多神教であり、子どもは誕生

★図1-3-3　ローマの子どもの生活　乳を飲む　羊車で遊ぶ　書を暗誦する

前から様々な神によって見守られていた。まず地母神信仰のもと、子どもは大
地から生まれてくると信じられていた。誕生は安産の神（ユノ・ルキナ）によ
って守護された。

　嬰児の生殺与奪は、父親が握っており、嬰児を抱き上げればその子は家族の
一員として認められるが、そうでない場合、とくに障害を背負った子はゴミ捨
て場に捨てられた。ただその場合、捨てることは子どもを大地の神に返すこと
を意味していた。

　捨て子は、幸運な場合は養子として育てられるが、娼婦や奴隷にされたり、
去勢された男児が性の遊具として売られた。

　家庭で養育される子どもは、2～3ヶ月間、白い巻きバンドで首から足まで
ぐるぐる巻きにされた。そうすることが子どもの四肢を真っ直ぐに成長させる
と信じられていた。そして男根の絵やニンニクをお守りとして首からぶら下げ
られた。誕生日には守護霊（ゲニウス）に感謝した。豊かな家庭では、ギリシ
ャ人の奴隷である乳母が子どもの面倒を見た。

　タキトゥス（Cornelius Tacitus、55-120頃）は、『ゲルマニア』のなかで病
めるローマの繁栄と、ゲルマン民族の健康な野生を比較した。そして育児を乳
母任せにする上流階級の母親を批判した。子ども達はクルミのビー玉、目隠し
鬼、兵隊ごっこ、コマ廻し、馬跳び、シーソー、人形遊びなどで遊んだ。クイ
ンティリアヌスは子どもの遊びの重要性を訴え、遊びの中で子どもの個性が芽

生えること、遊ばない子どもは、成長してからは仕事もできない人間になると述べた。

　子どもは7歳頃になると、ルードゥスなどの初等学校に行った。解放奴隷が家庭教師（パイダゴーゴス）となっている場合が多かった。上流階級の子どもには、奴隷の子どもが世話係としてあてがわれた。初等学校で彼らは読、書、算を学んだ。ギリシャ流の音楽や体操やダンスは堕落したものとして扱われた。子どもたちはロウで出来た書字板にアルファベットを書き、十二表法を暗誦した。「二と二は四」などの単純計算は暗誦され、複雑な計算ではソロバンが使われた。

　授業ではこん棒による体罰が日常だった。教父アウグスティヌス（Aurelius Augustinus、354-430）は、その『告白』のなかで、60歳を過ぎても教師から受けた体罰に怯え、学校時代に戻るよりは死んだ方がましだと述べた。その教師たちの給料や社会的地位は低く、代筆業などの副業をしてやっと生活ができる有様だった。初等の読み書きは往々にして奴隷にも授けられたころから、古代ローマの識字率は高かった。

　12歳頃になると、中等教育である文法学校に行き、ラテン語やギリシャ語の文法が教えられると同時に、天文学や音楽、数学、地理などの一般教養を学んだ。文学ではカエサルの『ガリア戦記』、タキトゥスの『ゲルマニア』、プルタルコスの『英雄伝（対比列伝）』などが読まれた。

　14〜15歳頃になるとローマ人の正装であるトガを身につけることが許され、貴族など上流階級の子ども達は高等教育である修辞学校に学んだ。そこでは筆記と口述の訓練がなされ、演説技術が磨かれた。さらに少数の者は、ストア学などの哲学を学んだ。成人してラテン語はもちろん、ギリシャ語を話し、ギリシャ的弁論術や哲学を身につけることがステータスシンボルとなっていた。だが、父祖の遺風を知り、ピエタス（敬虔）とグラウィタス（品位）といったローマの美徳を身につけているかが何よりも問われた。

参考文献：

①　Marie-Louise Plessen u. Peter von Zahn;1979, *Zwei Jahrtausende Kindheit;* Verlagsgessellscaft Schulfernsehen.

② *Geschichte der Erziehung,* K.H.Guenther（Hrsg.）Berlin 1987.

③ Gert Geißler 2011, *Schulgeschichte in Deutschland von den Anfängen bis in die Gegenwart,* Peter Lang.

④ 桜井万里子 他 『世界の歴史5　ギリシャとローマ』　中公文庫　2010年。

⑤ A・アンジェラ　関口訳 『古代ローマ人の24時間』　河出書房新社　2010年。

⑥ 今井康雄 他 『教育思想史』　有斐閣　2009年。

図表・出典：

★図1-1-1～1-3-3　Marie-Louise Plessen u. Peter von Zahn;1979, *Zwei Jahrtausende Kindheit;* Verlagsgessellscaft Schulfernsehen.

第2章　中世ヨーロッパの教育

1）中世封建社会の成立とキリスト教の教育

　西ローマ帝国を滅亡（476年）に至らしめたゲルマン民族は、その後も西欧で大移動を続けたが、フランクでは481年に、メロヴィング朝クローヴィス（Clovis、位：481-511）が王位に就いた。クローヴィスはキリスト教に改宗してローマとの関係を深めた。やがてピピン3世（Pipin Ⅲ、位：751-768）がカロリング朝を建て、その子カール大帝（Charlemagne、位：768-814）の時にフランク王国は最盛期をむかえた。

　カールは、フランクの教会や修道院の改革に着手するとともに、初等教育である教区学校の普及にも努め、800年には教皇レオ3世（Leo Ⅲ位795-816）によってローマ皇帝の冠を授けられた。カールの死後フランク王国は分裂し、今日のフランス、イタリア、ドイツの原型が形成された。

　カロリング朝誕生の8世紀頃から、ヨーロッパでは氷河の後退に象徴される温暖化とあいまって、農業生産の拡大が見られた。三圃制や集村化、冶金術の進歩、水車や牛鋤の使用など農業上の技術革新によって生産は向上し、人口も増加した。このことは荘園を基盤に、封建的主従関係で成り立つ封建社会を発展させ、11-13世紀に封建制の全盛期をむかえた。封建制は主君が家臣（騎士）に封土を与え、家臣が主君に忠誠を誓う主従関係で成り立つが、この主従関係の正当性がキリスト教信仰によって担保される。「魂は神に、生命は国王に、名誉は我に」とする騎士道モラルはその典型。フランク国王がローマ教皇の権威と結びつこうとしたのもこの理由による。それ故、キリスト教普及のための僧院の教育の発展がはかられた。

(1)　僧院の教育

　当初のキリスト教学校は、改宗者にキリスト教の精神を問答形式によって教える問答学校（Catechetical school）が主であった。やがてキリスト教社会の広がりとともに、教区制度が発達し、司祭、司教、大司教などの職階が誕生した。この司教がいる教会に設立されたのが司教座聖堂学校（Cathedral School）

である。この学校は、5〜6世紀に誕生するが、聖職者の養成を目的とするものであり、7自由科や神学を教えた。7自由科（自由7科）は、文法、修辞学、論理学（弁証法）の3学と、幾何学、算術、天文学、音楽の4科からなる。司教座聖堂学校は、やがて聖職志願者だけの内校（schola interna）と、聖職志願者以外の者を受け入れる外校（schola externa）に分かれた。

　修道院においても聖職者の養成が行われた。修道院は、教会が広大な土地所有者となるなど、その世俗化に抗して、キリスト教本来の禁欲的な苦行を求める修行僧たちの共同生活の場であった。ベネディクトゥス（Benedictus、480頃-543）は、529年にイタリアのカッシーノ山に修道院を建設し73箇条からなる「聖ベネディクトゥスの会則」を定めた。それは、その後の修道院のモデルとなった。

　修道院で修行僧は、一日7時間を農耕、建築、鍛冶、織物などの肉体労働を行いながら自給自足の生活を送った。このことは農地の開墾と農業技術の革新を担うことになり、農業生産の増大と封建社会の成立を推し進めた。彼らは、貞潔、清貧、服従の三大理想を唱え、生涯独身で、粗衣粗食で、神と目上に対して従順な生活を送った。修道院では司教座聖堂学校と同じく7自由科や神学が教授されたが、写字室での写本は学問研究としても重視された。

　カール大帝は、王国の支配をキリスト教の権威によって維持しようとしたが、当時の聖職者の教養のレベルは低かった。そこで司教座聖堂学校や修道院の充

★図2-1-1　修道院学校での授業　15世紀後半

実に努め、789年には修道院学校が設置された。同校に対してカールは、読むこと、歌うこと、若干のラテン語が出来ること、正確に計算できること、祭礼が出来る能力などを求めていた。聖職者養成のために設立された修道院学校であったが、やがて9世紀には司教座聖堂学校のように内校と外校に分かれて、一般子弟も受け入れるようになった。

　キリスト教の振興とともにカール大帝は、質実なゲルマン民族からなるフランク王国の学芸の発展をはかった。イギリスから司教座聖堂学校長だったアルクイン（Alcuin、735-804）を迎え、782年に宮廷学校を開かせた。アルクインは古典文学に精通し、7自由科を「知恵の殿堂の七つの柱」として重視し、王族や貴族の子弟の教育にあたった。彼は大帝によって796年にサン・マルタンの修道院長となった。

　フランク王国ではまた、初等教育の充実もはかられた。789年にカール大帝は、司教座聖堂や修道院および各教区の教会に学校を設置することを命じた。これらは教区学校（parish school）もしくは礼拝堂学校（chantry school）などと称された。これらの初等学校では聖書の内容をテキストとした読み書きと簡単な算数、唱歌や教会の典礼、そしてラテン語の初歩が教えられた。

（2）　僧院の教育内容

　貴族や騎士といった上流階級の子弟の多くは、聖職者になるか騎士になるかを決められた。6～7歳になると、初等学校や家庭教師のもとで文字と聖書の講読、ラテン語、教会暦、唱歌などを学んでから、聖職者になる者は、司教座聖堂学校や修道院に進んだ。騎士になるものは、騎士としての教育を受けた。上流階級の女子は、家庭教師から裁縫や礼儀作法を学び、女子修道院に預けられ、読み書きを学んだ。

　ベネディクト修道会の修道院長で第一回十字軍史を書き残したギーベルト（Guibert von Nogent、1055頃-1124）は、自伝で幼少時の生活や修道院の生活を記した。それによると、彼は未熟児で生まれたことから、聖職者になることを運命付けられた。6歳になると母親によって家庭教師を付けられラテン語を学んだ。この家庭教師は、手紙の書き方や詩の作り方に関して充分なラテン語能力を備えてなかったが、ギーベルトに対しては体罰を伴う厳しい接し方を行

った。

彼は、同年代の子ども達から離され、聖職者のように着せられた。家庭教師の同伴なくしては外出も出来なかったし、誰からも贈り物を受け取れなかった。言葉、まなざし、労働において全てに完璧を求められた。彼は日曜も聖祭日もなく家庭教師によって勉強と行儀作法の習得を強いられた。ある日、母親が彼の腕や背中に激しい体罰の痕が残されているのを見て激怒し、騎士として修行させなかったことを後悔したとギーベルトは回想している。

13歳でギーベルトは修道院学校に入った。その教育は「いかなる王子も修道院の生徒以上には入念に育てられない」と回想するような方法で行われた。修道院学校では、生徒たち（しばしば0歳から修道院にいた）のために堅い椅子が用意された。彼らは教育僧の不断の監督下にあった。教育僧は生徒たちの接触を禁じた。教育僧の許可なしには生徒たちは、描くことも、話すことも、立ち上がることも出来なかった。修道院長以外の誰からも、彼らは贈り物を受け取ってはならなかった。

誰もまた、修道士となった先輩といえども、教室にやってきて生徒と話したり、笑いかけてはならなかった。寝室では彼らのベットは教育僧のベットによって相互に分けられた。修道士が夜の間、ろうそくの明かりのもとで、見張りをした。生徒は、教師が居合わせないと、トイレにも行けなかった。彼らが罰に値したとき、彼らは打たれた。それは年長の修道士にあっても同様だった。修道院学校の生徒たちは夜毎の合唱に、疲れでウトウトしないために重い本を手に抱えた。

修道院学校では、礼拝のラテン語やミサのための詩篇がたたき込まれた。教父についても学び、キケロの文書を基にした書体を習得した。教授はもっぱら退屈な暗唱だった。

司教座聖堂学校や修道院では、基礎的学習がすむと教養科目としての7自由科に進んだ。文法、修辞学、論理学（弁証法）の3学のうち、最も重要だったのはラテン文法だった。修辞学では文体論や韻律論が教授されたが、これは公証人や書記に要求される公文書を書く訓練ともなっていた。論理学（弁証法）ではスコラ哲学的思考方法や討論方法が重視された。3学を学んでから幾何学、算術、天文学、音楽の4科に入ったが、それらは主として教会の祝祭日の算出

や賛美歌の練習のためにあった。

　7自由科を学んだあとは、専門科目としての神学に進んだ。聖書解釈、教父、教会法、典礼などが教授されるなかで11世紀以降、スコラ学が台頭した。スコラ学は宗教と哲学、信仰と理性の統一をはかるもので、トーマス・アクィナス（Thomas Aquinas、1225頃-1274）において一応の完成をみる。彼はアリストテレスの哲学を基礎にしながら信仰と理性の調和をはかった。彼が著した『哲学大全』や『神学大全』は、僧院や大学において必読ともいえるテキストとなった。

（3）　騎士の教育

　騎士は、貴族、自由人（市民）、家士（ミニステリアーレス Ministeriales）によって構成されていた。家士は本来、封建領主に隷属する非自由人だが功労によって自由人になれた。また富農民が武装することによって騎士と見なされることもあった。十字軍の遠征以降は、騎士修道会などが生まれて聖職者でありながら騎士でもある者も出現した。

　彼らは通常、6〜7歳になると親元を離れて小姓となって領主の館に入り、14歳頃から従者として領主に仕え、21歳頃に刀礼を受ける。刀礼とは、騎士になるための儀式であって、ミサをあげてキリストと君主に仕えることを誓約した後、主君によって剣と槍と楯を与えられる。

　小姓時代に彼らは、館で雑用をやりながら、とくに婦人に仕えて礼儀作法を学んだ。従者になると、騎士の7芸（乗馬、水泳、剣術、弓術、狩猟、チェス、吟詠）を取得したが、領主婦人など宮廷婦人との恋愛遊戯によって、礼儀、身だしなみ、上品な会話、作詞能力などを身に付けた。狩猟は模擬戦闘でもあった。騎士への昇進が近づくと、教会の守護者としての心構えが重視され、高尚、勇敢、慈悲のモラルを有しているか否かが問われた。

　騎士になると彼らの多くは遍歴の旅にでる。それは父親存命の場合は、領主の後を継ぐのに時間がかかるからであり、嫡男以外は、騎馬試合で勝って仕官の道を得るか、戦争で戦利品を獲るためであった。十字軍はこのような彼らの絶好の就職機会でもあった。

　彼らが館で実際にどのように躾けされたかをみてみよう。

　上流社会の望ましい礼儀の教えはまず、テーブルマナーからはじまった。はじめは誰もが、小さな子どもが最も好んでするように、手で食べた。ナイフはまだ知られていなかった。ナイフは攻撃の道具なので、食卓ではとくに注意して扱われねばならなかった。スープは食卓の共同の鍋に入れられ、パンにつけられた。肉は手でつかまれた。

　どのように口をぬぐうか、どのようにしてコップを飲み干すか、落ちたパンをどうするか、全てはこの館で訓練された。「皿のうえでがつがつやり、豚のように食べ、ぴちゃぴちゃ音を鳴らして、鼻を鳴らし、さらにオナラもするような人は、貴人ではありえない」と教えられた。

2）商業と都市の発達及び大学と都市学校の誕生

　11世紀頃にはじまる農業上の技術革新による生産性の向上は、封建社会の安定と人口増をもたらした。人口は、飢餓から解放されたフランスやドイツで約3倍、イギリスで約2倍に増えたという。

　生産性の向上と人口増は、領土の拡大要求につながり、十字軍遠征の要因の一つとなった。聖職叙任権闘争において、教皇グレゴリウス7世（Gregorius Ⅶ、位：1073-85）がドイツ皇帝ハインリヒ4世（Heinrich Ⅳ、位：1056-1106）を破門して以来（カノッサの屈辱　1077）、教皇権は全盛を迎えていた。教皇ウルバヌス2世（Urbanus Ⅱ、位1088-99）はビザンツ皇帝の求めに応じて、イスラム教徒に支配されている聖地（イェルサレム）奪回を号令した。これによって第1回十字軍（1096-99）が出発し、1270年の第7回十字軍遠征まで続いた。十字軍遠征の失敗は、教皇の権威を揺るがせ、騎士や封建領主の没落に繋がったが、地中海世界をヒト、モノ、カネが大量に移動したことにより商業と都市の発達が促された。

　生産性の向上は、手工業生産物など余剰生産物の恒常的交換（商業）をもたらした。このことは都市の成長を促進した。都市の多くは、修道院や司教座聖堂のある城下に設けられた市場に、商人が定住することからはじまった。商人は取引を独占するために商人ギルドをつくった。また、手工業者も技術の独占をはかるために同職ギルド（ツンフト）をつくった。

　都市はその商工業を発展させるために自由と自治を求め、領主からの自治権

を確立していった。都市は都市法を整備し、都市参事会が行政を行い、裁判権も行使した。逃散した農奴が都市に居住し、１年と１日が経てば自由人となれた。また、領主による年貢や賦役、兵役からも免除された。これらのことから「都市の空気は自由にする」と呼ばれた。

十字軍の遠征によって交通網が形成されると、都市と都市を結ぶ遠隔地商業が生じた。北イタリアを中心とする地中海貿易圏では香辛料や染料などが扱われ、北フランドルを中心とする北西欧貿易圏では毛織物などが扱われ、これら二大貿易圏を結ぶ交通網のなかに商業都市が誕生していった。北ドイツでは14世紀にハンザ同盟が結成された。

このようななか、新たな知識に対する欲求が大学の誕生を促進し、都市市民の教育要求が都市学校を生み出していった。

（１）　大学の誕生

交易圏の拡大と都市の成長は、法の整備を必然ならしめローマ法などへの関心を高めた。十字軍の遠征などを通じて、ビザンツ帝国から入ってくるイスラム圏の医学、化学、数学などの高度な科学知識は人々の注目を浴びた。聖職叙任権闘争は、神学論争に論理学が取り入れられ、神学に対する新たなニーズを生み出した。これら新たな知識に対する欲求は、司教座聖堂や修道院では充たされないことから大学の発生を促した。

中世における大学は、今日のように最初からりっぱな建物があり、学生や教授といった身分が存在したのではない。いわば自然発生的に誕生した。ローマ法の権威者のもとに、あるいはアラビア医学の収得者のもとに、ヨーロッパ中から人々が集まり教えを請うた。これをウニフェルシタス（universitas＝団体）というが、後にギルド的な「組合」を意味するようになる。当初は教会の回廊や教師の自宅などで講義が行われたが、やがて自前の建物をもつようになる。学生たちは出身地別に集まって国民団（nation）を形成し、学寮（collegium）に住んだ。この国民団が大学自治の主体となり、学寮そのものが教授施設ともなった。

中世大学はストゥディウム・ゲネラーレ（studium generale）と呼ばれることを目指した。それは、教皇や皇帝の勅許によって万国教授資格の学位を出せ

たからである。以下、中世大学のストゥディウム・ゲネラーレの典型としてボローニャ、サレルノ、パリの各大学を見てみよう。

★図2-2-1　プラハ大学の勅許状を与えるカール四世（1348年）：プラハ旧市庁舎

　ボローニャ大学（イタリア）は1088年創立とされるヨーロッパ最古の総合大学である。ユスティニアヌス帝（Justinianus、位：527-565）が編纂した『ローマ法大全』は、中世において忘れ去られていたが、11世紀頃から法の必要性が高まると脚光を浴びた。イルネリウス（Irnerius、1055頃-1130頃）は、ボローニャの法学校で法学を講義した。彼は『ローマ法大全』を注解し、修辞学から切り離すことによって法学を学問として確立した。また、ボローニャ近在のヨハンネス・グラティアヌス（Johannes Gratianus、1100年頃-1150年頃）は、数多くの教令を精選し、教会法を理論的に体系化した。これらのことから法学の拠点としてのボローニャの卓越性が確保され、アルプスを越えて学生が集まりだし、1158年にフリードリッヒⅠ世（FriedrichⅠ、位：1152-90）によって認可された。ボローニャ大学は学生による10以上の国民団によって構成され、国民団から学長（レクトール）が選出された。この学長が教師を監督した。学生たちは家賃値上げ反対など生活防衛のために団結し、集団移住をちらつかせながら市当局と闘った。また、教授とは集団授業放棄で闘い教授とその授業を統制した。例えば、5人の受講生が確保されない授業には罰金が科せられるなどして、貧弱な授業の一掃がはかられた。

　ボローニャ大学は、13世紀の後半には文学部や医学部の母体が、14世紀中頃には神学部が開設され１万人を超える学生数を有した。だが、教授資格の免許権をたてにしたローマ教皇の介入もあって学生主導の伝統は次第に衰退していった。

　サレルノ大学（イタリア）は、コンスタンティヌス・アフリカヌス（Constantinus Africanus、1017-1087）で著名なサレルノ医学校を前身校としている。同校は、アラビア医学の影響を受け、ノルマンディー公ロベール２世 Robert II, 位・1087-1105）に捧げた『サレルノ養生訓』（Regimen sanitatis salernitanum）が12世紀のヨーロッパ中に広まるほど有名となる。大学としては、1231年の皇帝フリードリヒ２世（Friedrich II., 1194-1250）による勅令が最初の公認とされるが、カルロ１世（Carlo I, 1227-1285）からストゥディウム・ゲネラーレの勅許を受けたのは1280年である。サレルノ大学は総合大学を目指したがナポリ大学が総合大学として繁栄したため医学部だけの大学に留まった。

　パリ大学は、ノートルダムの司教座聖堂学校をその起源とする。とくにピエール・アベラール（Pierre Abélard、1079-1142）が神学と哲学の教師だったときヨーロッパ中から学生が集まり、教師中心のウニフェルシタスが形成された。聖堂学校から大学への昇格の時期は曖昧だが、国王フィリップⅡ世（Philippe Auguste、位：1180-1223）の勅許を得た1200年が大学誕生の年とされる。

　パリ大学には、英独国民団、フランス国民団、ピカルディー（パリ北郊）国民団、ノルマン国民団があった。彼らは僧籍も兼ねてることが多く、神学部、医学部、法学部の学生であると同時に、学芸学部（教養部）の教師でもあった。したがってボローニャとは違ってパリは、教師主導の大学であり学長は学芸学部（教養部）のなかから選ばれた。

　中世の大学は、都市市民にとってはよそ者であり市民や市当局との争いが絶えなかった。大学は講義停止や解散をちらつかせながら、兵役や納税の免除、公権不介入とアジール権（ある種の治外法権）などを獲得していった。その獲得の過程をパリ大学において見てみよう。

　1200年、市民（タウン）と学生（ガウン）の争いの結果、学生が殺された事件の収拾をはかったフィリップⅡ世（尊厳王）は、学生とその召使いを世俗の裁判権から免除する特権を公布し「市総監も裁判官たちも学生をいかなる違反

ででも捕らえてはならない」と述べた。1229年には酒屋で暴れた学生が官憲によって殺害されたことに抗議して大学は、2年間講義を停止して郊外に移住した。教皇グレゴリウス9世（Papa Gregorius IX、位：1227年-1241年）は、勅書『諸知の父』（1231年）において、フィリップⅡ世の特許状を再確認するとともに、学生が借金のために逮捕されることも禁じた。その後、罪を犯した学生は大学当局によって裁かれ、大学は大学牢をもつに至った。フィリップ4世（PhilippeⅣ、位：1285-1314）は、学生や教師からあらゆる税を強制的に取りたてることを禁じた。このように大学は、国王と教皇の両方から特権を認めさせていったが、ルイ12世（Louis XII、位：1498年-1515年）の時代に特権の見直しが為されていった。

(2)　学生と大学教育

　では学生はどのようにして入学してきたのだろうか。大学の講義はラテン語で行われるために入学者はラテン語を習得していなくてはならなかった。家庭教師から学ぶのは上流階級に限られ、多くの若者は都市のラテン語学校、学寮のなかの文法教室、修道院や司教座聖堂学校などでラテン語を学んだ。そして大学や時代によって違うが、パリ大学では13歳から14歳ぐらいで入学してきて、まず7自由科などの教養科目を学芸学部で約6年学ぶ。その後、神学、法学、医学の学部で学ぶが、その間、マギステル（magister）の試験に合格すれば学芸学部での教授資格が得られ教師の国民団に入会できた。博士号を取るのは最低でも35歳頃とされた。

　大学の講義が退屈で面白く無く、やんちゃな学生がいて、常に親にカネの無心をしてたのは現代と変わらない。ハスキンズは『大学の起源』で中世の学生の無頼を次のように記す。

　「彼らの多くは武器をもって街を歩き回り、市民を攻撃し、家々に押し入り、女たちをはずかしめる。彼らは犬や女やいろんなものについて仲間どうしで争い、刀でお互いの指を切り落とす。手にナイフだけをもち、剃髪した頭を保護するものは何もつけずに、武装した騎士でもしりごみするような争いのまんなかに飛び込む」。

　また彼は、学生の学問に対するやる気のなさについて、「教師から教師、学

校から学校へとわたり歩き、一度として
全課程や正規の講義を聴いたことのない
怠けものや目的のない学生がいる。学生
という名前と、大学へ行っている間の仕
送りだけを望んでいる学生は、好んで朝
遅くまで寝ていられる教会法の講義を選
び、週に一度か二度だけ教室へ出る。勉
強すべき時にケーキを食べたり、教室で
は居眠りしたりして、残りの時間は居酒
屋で飲んだり、遊んだりして過ごす学生
が多い」と述べている。

★図２-２-２　中世大学の講義風景（14
世紀）

（３）　都市学校の誕生

　都市には司教座聖堂学校や修道院学校、
教区学校など教会と密接な関係をもつ学
校があった。やがて都市の成長とともに、
都市市民は都市生活に必要な商工業上の
知識などを求めて教会の目的から離れた
学校を作った。都市貴族や上層市民層の
ための都市ラテン語学校や、都市の商人
や手工業者のための読み書き学校などで
ある。これらは市や市参事会によって建
てられるか認可を受け、教会の同意を得

★図２-２-３　ハイデルベルク大学の講義
風景（16世紀）

なければならなかった。また、都市の貧民のための貧民学校が私塾のようなか
たちで生まれてきた。都市学校は、教育の独占的支配を要求する教会から様々
な干渉を受けた。

　遠隔地商業の発展などによって都市の上層市民層は、都市貴族と並ぶラテン
語などの知識を求めて都市ラテン語学校に子どもを通わせた。生徒は６〜７歳
で入学し、ABCから祈祷文の読み方、ラテン文法、ヴェルギリウス（Vergilius
前70-前９）の詩などを読み、キケロなどのギリシャ語に進んだ。15歳位まで学

★図2-2-4　ラテン語学校と教師　教師が質問している横で、教師助手が生徒に体罰をくわえている　1592年

んだ。その後は、家業継承や官吏になるか大学に進んだ。教師には当初、聖職者が就いていた。

　読み書き学校では、読み書き、算術、賛美歌、宗教、初級ラテン語などが教授された。商人や手工業者の子どもは、6歳ぐらいから通いはじめ、4〜5年にわたって読み書きやラテン文法の初歩を学んだあと、2年ほど算術の学校に通い、12〜14歳で実業の道に入るのが普通だったという。

　授業では、従来ラテン語で書かれていた商業書簡、債務証書、土地証書などの母国語訳の手本帳が使われた。紙は高価なものであり、ろう版などが筆記に使われた。ラテン語は、4世紀に作られた『ド

★図2-2-5　算術教師と計算盤　1520年頃

ナトゥス文法書』などが用いられた。算術は計算盤で行われた。13世紀頃から
ローマ数字から次第にアラビア数字が使われたが、12進法や20進法が入り交じ
っている状況では、筆算は困難であったろう。算術は簿記の初歩も兼ねていた。

　女子に読み書きを学ばせることは、あまり歓迎されなかった。本を読ませる
よりも裁縫、料理などを習わせるべきだと考えられていたが、1320年にブリュ
ッセルに女子の読み書き学校４校の設置が教会によって認められている。

　教師には、読み書き教師、唱歌教師、文法（ラテン語）教師、算術教師など
がいた。また教師助手（見習い教師）もいた。教師には遍歴学生や職人など多
様な人物が市によって雇われた。教師の地位は低く、収入も日雇人夫なみに少
なかったので、教師たちは代筆、教会の葬儀の手伝いなどのアルバイトを余儀
なくされた。生徒の親はパンやロウソクなどの施し物をして教師の生活を支え
た。算術教師は測量士としても働いた。

　プラッター（Thomas Platter、1499-1582）は、諸国を放浪しながら勉学し、
綱造り職人や印刷業などもしながら、都市のラテン語学校長をした人物である。
その彼が自伝のなかで、綱造り職人をしながら、読み書きの学校を開いたこと
を次のように述べている。

　「冬には30人、夏には６人ぐらいの子どもが集まった。わずかな授業料以外に、
卵や、チーズ、バター、肉、ミルク、野菜、ワインが届けられた。贈り物が届
かない日は一日もないぐらいだった」。

　教師の象徴は鞭だった。教師は教え方が分からないばかりか、ろくに知識も
ないくせに教師になっている場合も多かった。あまりの体罰のひどさに、南ド
イツのエスリンゲン市参事会は、1548年に次のような布告をした。

　「教師は、その生徒の頭をたたいてはならない。生徒は、手のひらで荒々し
く打たれたり、耳をねじ曲げられたり、鼻を指ではじかれたりするような罰を
受けてはならない。訓練のために鞭やこん棒を用いたりしてはならず、必要の
さいは鞭で臀部のみを軽く打つべきである」。

　都市の貧民は、その授業料ゆえに、ラテン語学校はもちろん、読み書き学校
に通うことも困難だった。そこで安い授業料で、読み書きと算術も教える隅の
学校（Winkelschule）や、小さな学校（Klippschule）と呼ばれる貧民学校が生
じた。これらの学校は、教師の自宅の一室などで行われた。貧民学校は、その

教育内容の類似性から読み書き学校を支配下におく市当局とその教師、教区学校を支配下におく教会などから嫌がらせを受けた。市参事会によって学校が禁止され教師が追放されることもあった。

★図2-2-6　16世紀の貧民学校　6〜7歳の子どもの初登校　子どもたちは読み書きと算術も習っている

（4）　中世の子どもの生活

　貧しい家庭に生まれた子どもや私生児の多くは、殺されるか捨てられた。子殺しは、当初は軽い教会罰だけだった。40日間、ワインと肉を絶つことと、一年間のセックスレスである。後に子殺しは火刑とされた。教皇インノケンティウス3世（Innocentius III、位:1198-1216）は、多くの嬰児がテレヴェ川を流されていくのを嘆いた。

　修道院や公的病院には、今で言う「赤ちゃんポスト」があった。回転窓の外側に子どもを置き、呼び鈴を鳴らすと修道女が窓を回転させて、子どもを引き取った。修道院は孤児院の機能ももっており、有能な子どもには読み書きが授けられ、聖職者に成長する場合もあったが極めて稀であったろう。

　貧民が捨て子を発見した場合、その子どもを売る権利もあった。ある子どもは物乞いの集団に売られ、同情を引くために足を骨折させられた。

　貴族など裕福な家庭に生まれた子どもは、乳母によって育てられた。四肢の変形を防ぐためとして、誕生後に身体を布によってぐるぐる巻きにされた。長男は跡継ぎ、次男は聖職者、三男四男は騎士として振り分けられることが多く、それぞれにあった教育を受けた。ラテン語学校や大学、修道院や司教座聖堂学校、城館の小姓とそれぞれの道を歩んだ。

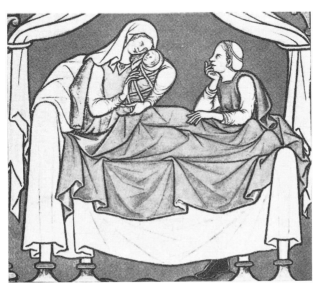

★図２-２-７　　　母とぐるぐる巻きにされた子ども（スウォッドリング）　1250年頃

　ブリューゲル（Pieter Bruegel、1525頃 -1569）の子どもの遊戯（1560年）を見ると、中世の子どもがどのように遊んでいたかが一目瞭然である。輪廻し、馬跳び、目隠し鬼、コマ廻しなど、東洋の日本の今日とほとんど変わらない遊びをしていた。ただし、子どもの顔が子どもらしくないことに気付く。アリエスは（Philippe Ariès, 1914-1984）は、これらの絵の分析を通じて、中世には小さな大人しかいなかったと論じた。

　多産多死の時代であり、裕福な家庭を除いて、６歳頃には親の庇護から離れ自立を求められていく場合が多かった当時、子ども時代は非常に短かった。教区学校や都市の貧民学校に行けた場合は、まだまだ恵まれた方であった。読み

★図2-2-8　ブリューゲル「子どもの遊戯」

書きなど全く知らずに、農村においては農奴として、都市では商家の奉公人や職人の見習いとして半ば奴隷として働いた。彼らの多くは、成人になる前に病気や事故などで死んだ。

参考文献：

① Marie-Louise Plessen u. Peter von Zahn; 1979, *Zwe Jahrtausende Kindheit;* Verlagsgessellscaft Schulfernsehen.

② Horst Schiffler u.Rolf Winkeler; 1994. *Tausend Jahre Schule, eine Kulturgeschichte des Lernens in Bildern,* Belser Verlag.

③ Gert Geißler 2011, *Schulgeschichte in Deutschland von den Anfängen, bis in die Gegenwart,* Peter Lang.

④ 江藤恭二『ドイツのこころ』講談社　1980年。

⑤ 阿部謹也『甦る中世ヨーロッパ』日本エディタースクール　1987年。

⑥ 阿部謹也『放浪学生プラッターの手記』平凡社　1985年。

⑦ 清水廣一郎『中世イタリア商人の世界』平凡社　1982年。

⑧ C.H. ハスキンス、青木訳『大学の起源』八坂書房　2009年。

⑨ ローゼンフェルト他、鎌野訳『中世後期のドイツ文化』三修社　1999年。

⑩ アリエス、杉山訳『「子供」の誕生』みすず書房　1980年。

図表・出典：

★図 2-1-1 、 2-2-7　Marie-Louise Plessen u. Peter von Zahn 1979, *Zwe Jahrtausende Kindheit;* Verlagsgessellscaft Schulfernsehen.

★図 2-2-1　筆者撮影

★図 2-2-2 〜 2-2-6　Horst Schiffler u.Rolf Winkeler 1994, *Tausend Jahre Schule, eine Kulturgeschichte des Lernens in Bildern,* Belser Verlag.

★図 2-2-8　Pieter Bruegel 1560, Children's Games. Kunsthistorisches Museum Wien.

第3章　ルネサンス・宗教改革・科学革命から近代教育思想の黎明

1）ルネサンスと人文主義者たちの教育

　十字軍の遠征（11～13世紀）の失敗や、ペストの大流行（13～14世紀）は、教皇や教会の伝統的権威の失墜をもたらしたが、ヨーロッパ諸国における商業圏の拡大と領土拡大意欲は衰えなかった。羅針盤の改良、航海術や造船技術の向上などにより迎えた大航海時代（15～17世紀）は、アメリカなど新たな植民地をヨーロッパにもたらすと共に、地中海から大西洋へと国際商業の重心を移動させた。オランダ、イギリス、フランスの都市がバルト海商業圏の中心地となった。またジェノバ、フィレンツェ、ヴェネチアなどのイタリアの都市も、地中海商業圏の基地として繁栄を極めていた。

　ルネサンスは、これらの都市を中心として起こった文芸復興運動である。教皇などの伝統的権威や因習に囚われない人間観、現世を肯定し、個を尊重する人間像を求めた人々は、古代ギリシャ・ローマの古典にその答えを見いだそうとした。それを人文主義（humanism）という。

　ダンテ（Dante Alighieri、1265-1321）は『神曲』（La Divina Commedia）のなかで、教皇ボニファティウス8世（Bonifatius VIII, 1235-1303）を地獄に落とした。同教皇は、教会への課税をめぐって対立したフィリップ4世（Philipe IV, 1268-1314）によって憤死させられたが、神の審判など存在しないといってはばからず、美女と美食に耽っていた。

　古典語による人文主義に先鞭をつけたのは、イタリア生まれのペトラルカ（Francesco Petrarca、1304-74）とされる。彼は、少年時代にキケロの著作に魅せられ、古典ラテン語を模倣して叙事詩、叙情詩や書簡などを書いた。女性への愛を歌った叙情詩『カンツォニエーレ（Canzoniere）』はルネサンス社会に多大な影響を与えた。彼の友人でもあるボッカチオ（Giovanni Boccaccio、1313-75）は、『デカメロン』（Decameron）を著し、聖職者の腐敗や性の放埓などを喜劇風に描いた。

　キケロなどの古典ラテン語が復興するなかで、オスマントルコの圧迫を受け

たギリシャ語を母語とするビザンチン帝国（東ローマ帝国）から知識人たちがイタリアに来て、古典ギリシャ語を伝授した。1393年にビザンツ皇帝の特使として来たマヌエル・クリュソロラス（Manuel Chrysoloras,1350頃〜1415頃）は、フィレンツェでギリシャ語講座を開設した。また、ビザンチンの首都コンスタンチノープルに留学してギリシャ語を習得する者も現れた。

★図3-1-1　ギリシャ語を学ぶ人文主義者たち　教師の手に鞭はない　1496年

　これら人文主義者たちは、新たな人間観、新たな人生観をギリシャ・ローマの古典を基盤に展開していったが、教育に関しても新たな教育思想をもたらした。以下、その典型を見てみよう。

グアリーノ（Guarino da Verona、1370-1460）

　彼は、クリュソロラスの下でギリシャ語を学び、1420年にヴェローナに市の委託による学校を開設した。彼の学校は、その教育が体系的に整備されていたことで好評を博し、イタリアはもとよりヨーロッパ中から生徒が集まり彼の自宅に寄宿した。やがてフェラーラ市に招かれて同市でも学校を開設した。

　彼は1416年に発見されたクインティリアヌスの『雄弁家教育論』を参考に教育を行った。教育課程は初等コース、文法学コース、修辞学コースに分けられた。初等コースでは発音が鍛えられ、文法学コースでは古典ギリシャ語・ラテン語と詩や歴史が教えられ、修辞学コースではキケロ、クインティリアヌスなどの作品が用いられ演説の練習が行われた。

　グアリーノは、鞭による教育を否定し、修道院などには見られなかった運動、水泳、ダンス、散歩などを取り入れた。彼の教育は、その息子によって1459年『教授および学習法』（De ordine docendi et studendi）としてまとめられた。

ヴィットリーノ（Vittorino de Felta、1378-1446）

　彼は、パドヴァ大学で学芸（ラテン語、論理学、修辞学）を修め、学生に教

授した。当時のパドヴァには、ペトラルカの精神がまだ強く残っており、ヴェネチアに近いこともあって自由で社交的な雰囲気が溢れていた。彼はここで学芸の他に数学教師の家に住み込んで数学を学んだ。ギリシャ語は当時ヴェネチアにいたグアリーノから学んだ。

　1420年にパドヴァに戻った彼は、大学で教えるほか、自宅にも寄宿生を住まわせた。1423年にはグアリーノの紹介でマントヴァ侯に家庭教師兼宮廷学校教師として招かれた。

　彼はこの宮廷学校を「喜びの家」（casa giocosa）と名付けた。この学校には王侯貴族の子弟のみならず、一般庶民の子どもも加えられ、貧しい生徒には無料の寄宿と授業と衣服が与えられた。ヴィットリーノは、師グアリーノと同じくクインティリアヌス流の人間形成を理想とした。知識と徳が結びつき、自己表現が巧みで、公のために善を為す人間像である。

　「喜びの家」では、ギリシャ語、ラテン語の古典語が重視され、ウェルギリウス（Publius Vergilius Maro, 前70-前19）の詩の暗誦が行われ、クインティリアヌスやキケロの文章が用いられた。愛国心を涵養するために古代ローマ史が語られ、音楽（軍歌、賛美歌）の授業もあった。また、武芸など騎士としての素養も身に付けた。

　修道院とは違い、この学校では生徒たちが能動的で活発で笑い声が絶えなかったが、キリスト教的な自己犠牲精神や禁欲生活が否定されたわけでは決してなかった。古典語を中心とする人文主義的教育、騎士道的訓練そしてキリスト教的訓育が調和され、諸侯がそれぞれに有していた宮廷学校の模範とされた。

エラスムス（Desiderius Erasmus, 1466頃-1536）

　彼は、国際商業の中心地で繁栄を極めたオランダ・ロッテルダムに生まれた。少年期に両親がペストで亡くなると、共同生活兄弟会の学校に入った。同会は、聖職者の腐敗を告発し、信仰のみによって魂の救済をはかり、宗教書そのものにキリスト教の精神を求めるものである。やがて修道院でキケロやクインティリアヌスなどの古典に親しみ、パリ大学で神学を学んだ後、イギリスに渡ってトマス・モアやヘンリ王子と親交を結んだ。1506年にはイタリアに行きトリノ大学で神学の博士号を取得した後、ケンブリッジ大学教授となった。

　著名な『痴愚神礼賛』（Encomium Moriae, 1509）は、モア邸で書かれた。同

書は、痴愚の女神が聴衆を前に演説し、王侯貴族や聖職者・神学者・学者ら権威者を徹底的にこき下ろし、人間は愚かであればこそ幸せなのだと説くものである。彼はまた1519年にギリシャ語原典から新約聖書をラテン語に翻訳して教皇に献呈した。

このような彼の姿勢は、同時代人のルターの聖書主義に影響を与えた。

『痴愚神礼賛』で文法教師の無能さと野蛮な鞭の教育を批判し、文法学校を奴隷が漕ぐ「ガレー船」とまで言い放ったエラスムスは、当然ながら教育の在り方についても論じた。代表的なものとして『学習方法論』（De ratione studii,1511）と『児童教育論』（Declamatio de pueris instruendis,1529）があげられる。『学習方法論』では、クインティリアヌスの『雄弁家教育論』に則した方法で、古典語学習の方法論が論じられた。生徒の興味・関心が重視され、古典語学習における自発性が尊重された。

『児童教育論』では、幼い頃からの教育の必要性が問われた。彼は７歳頃まで子どもを人形のように扱って何も習得させない上流階級の女性を批判し、「早期の子ども時代においては、ただの１年は、精神が硬直化している大人時代の10年よりも価値がある」と述べ早期からの教育の必要性を訴えた。また、当時の学校を鞭とこん棒の音が鳴り響く牢獄と非難し、そのような学校の教師を処刑人と同じだと断じた。

彼は、教師には子どもに対する同情と共感が必要であり、子どもの興味・関心を重視すること、学習はできるだけゆっくりと、面白くやらせるために、カルタなどの遊戯も活用すべきことを提唱している。

エラスムスの生きた時代は、封建制が揺らぎ階層移動が可能となった時代でもあった。それ故彼は、下層階級の教育にも留意すると同時に、下層階級の上昇のために挨拶の仕方、食事の作法、鼻のかみ方などの礼儀作法の手引き書も残した。

モア（Thomas More、1478-1535）

彼は、1516年に『ユートピア』をラテン語で出版した。そこでは戦争のない平和な原始共産主義思想が提示されている。住民はみな同じ清潔な衣装を着け、財産を私有せず、必要なものがあるときには共同の倉庫のものを使う。人々は勤労の義務を有し、日頃は農業にいそしみ（労働時間は６時間）、空い

た時間は芸術や学問研究に使う。モアのユートピアはイタリアのカンパネラ（Tommaso Campanella,1568-1639）が描いた共産主義的ユートピア『太陽の都』（1602）などと共に、万人に平等な教育をという近代教育思想に影響を与えた。

ヴィヴェス（Jean Luis Vives,1492-1549）

彼は、スペイン・バレンシア生まれの人文主義者。パリで学びイギリスの宮廷学校の教師となり、オックスフォード大学で教えた。モアと親交があった。彼は1531年に『学問論』（De tradendis disciplinis）を著した。そのなかで彼は、公費による教師の給料支出を求めた。また、母国語教育の重要性と教育における実用主義を唱えた。彼は言う。「自然の事物について学んだ人は次いで、人間生活に一層近づいてゆき、人間の作り出した技術と発明を学ぶべきである。例えば衣食住に関する技術を。まず農耕に関する著作を読み、次いで植物動物に関する著作、次いで建築術、次いで旅行、交通に関すること、航海術を学ぶべきである」。ヴィヴェスのこのような教育思想は、後述するコメニウスに影響した。

人文主義者たちの教育思想は、古典語学習による人文主義的教養に裏打ちされた人間形成と同時に、生活に有用な知識を教育することの重要性を訴えるものであった。

人文主義の興隆とともに、大学では従来のスコラ学と並んで詩学や雄弁学などギリシャ・ローマの古典が研究されるようになった。また、人文主義を標榜する中等教育機関も誕生した。イギリスではコレット（John Colet、1466-1519）が1510年頃に設立したセント・ポールズ校（St.Paul's School）。同校をモデルにラグビー校（1567年）やハロー校（1571年）などが創設された。フランスでは1530年に創設された王の講師団（lecteurs royaux）というアカデミーを設立母体とするコレージュ・ド・フランス（College de France）。カルヴァン（Jean Calvin、1509-64）やシュツルムも同コレージュで学んだとされる。ドイツでは、このシュツルム（Johannes von Sturm,1507-89）がシュトラスブルクに設置したギムナジウム。同ギムナジウムは、6歳頃から入学する9年制だった。

2）宗教改革と反宗教改革、それぞれの教育

大航海時代による新大陸の発見によって商業圏が拡大すると共に、メキシコ

銀がヨーロッパにもたらされ貨幣経済が農村部まで浸透した。16世紀には一般に価格が３倍にまで跳ね上がる価格革命が起こり、領主（貴族）や農民、都市市民の間にあった封建制的秩序が揺らいだ。荘園領主でもあった騎士（貴族）は、火砲や傭兵制の発達によって存在意義をなくし、価格革命によって経済的に打撃を受けた。農村では農民が土地を失って没落する一方で、貧農を雇って大農場を経営する富農も現れた。都市では国際経済圏の発展に伴って大商業資本家が現れると同時に、周辺から貧民の流入が続いた。さらにペスト渦や飢饉などの社会不安が続き、騎士、農民、都市住民の間で不満が高まっていた。宗教改革はこのような時代を背景に起こった。

（1） ルターと宗教改革

　人文主義の興隆は古典研究を促し、ギリシャ語原典の『新約聖書』やヘブライ語原典の『旧訳聖書』を読むことを可能にした。ルター（Martin Luther、1483-1546）は原典による神学研究によって原罪と向き合うなかで、罪を許されるのは善行や献金ではなく「信仰のみ」（sola fide）によること（信仰義認説）、神の言葉は聖職者からではなく聖書からのみ知ることができるとする「聖書主義」、そして神の前では、すべてのキリスト者が平等であるとし、特権的な身分としての聖職者を否定する「万人司祭主義」を唱えた。また職業は神から与えられた使命であると説いた（職業召命観）。

　1517年、ルターは教皇による贖宥状（免罪符）の乱売に抗議して95箇条の論題を公表した。教皇からの破門、皇帝カール５世（Karl Ⅴ、位1516-56）の取り消し要求にも屈しなかったルターは、教皇や皇帝支配に不満を抱いていた騎士、農民、都市住民たちの共感を呼び、社会抵抗運動の引き金となった。騎士戦争（1522-23）、農民戦争（1524-25）と内乱が続く中でルターは、当初は農民たちに同情的であった。だが、次第に農民たちが急進化してくると、彼らに対して激烈に非難しその弾圧を求めた。1525年には領主たちと「奴らを叩き倒せ、絞め殺せ、刺し殺せ」と叫んだ。

　これ以降、ルターは「聖書主義」や「万人司祭主義」に基づく広範な民衆教育の視点と、民衆支配の道具としての教育の視点を合わせもつことになる。ルターによれば、支配者は神によって選ばれた者であるから、民衆は神の命令に

従うように支配者に従わねばならない。当時の神聖ローマ帝国皇帝に反撥し、独立独歩を求めた封建領主の多くが、ルター派を受け入れた。ルターは1520年に『キリスト教貴族に与える書』（an den christlichen Adel）を著した。同書で彼はローマ教皇の腐敗を訴え、宗教界の革新を唱えながら教育改革についても言及した。大学はアリストテレスではなく聖書そのものを研究すべきであり、男女は9～10歳までに福音（イエスによって語られる神の教え）を知らねばならないとされた。

　1524年には『ドイツ全都市の参事会員に与える』（an die Ratherrn aller Staedte deutscher Landes）を書いた。同書で彼は、全ての民衆に福音を知らしめるためには都市学校の設立が急務と考え、市参事会に学校設立を求めた。男子は一日1～2時間、女子は1時間ずつ通い、読み書きと福音を学び、参事会は就学を強制できるとされた。また将来教師、説教師、官吏などになる有能な子どもにはフルタイムでの就学が課せられた。

　ルターは『説教』（Predigt）を1530年に著した。同書で彼は、民衆に対する強制教育を公費をもって行うことの重要性を説き、聖職者や官吏を民衆のなかから選び出し、ラテン語学校などでエリート教育を行うべきことを唱えた。

　各教区、とくに農村の教区を視察したルターは、民衆のほとんどがキリスト教の教えについて何もしらないことに驚愕した。そこで十戒などの教えを問答を通して暗記させるものとして、大小の『カテキズム（教義問答書）』（1529年）を出した。同書では神への服従とともに両親や支配権力への服従も説かれた。そして1534年、聖書そのものを万人が読めるために聖書をドイツ語に訳し

★図3-2-1　ルターが聖書を訳したワルトブルク城（左）とルター愛用の聖書（右）

た。宗教改革を進めたルターは、広く民衆教育の必要性を説きながらも、民衆のなかから支配権力に奉仕し、民衆支配の役割を担う聖俗のエリート育成も唱えていたのである。

（2） プロテスタント派の教育

　宗教改革以降、キリスト教はローマ教皇に従属する旧教（カトリック）と従属しない新教（プロテスタント）に分かれていく。ヴィッテンベルク大学でルターの同僚だったメランヒトン（Philipp Melanchton, 1497-1560）は、新教に基づく神学を大学に導入し、新教系のラテン語学校設立に尽力した。また、ザクセン選帝侯国の学校規定案を作成した。ルター派の教育は領主に対する忠誠を神への忠誠と同じと説くものでもあることから、ルター派の領主はプロテスタンティズムに基づく学校の設置を進めた。

　例えば、1559年にはヴュルテンベルクで学校規定が定められ、1580年にはザクセン選帝侯国で「学校令」が定めた。これらの法令によると、各村落は牧師の監督の下に、教会関係者が学校を設置し、読み書きとカテキズム、賛美歌などを教えることが求められた。また、住民は子弟を就学させねばならなかった。

　スイスではフランスから来たカルヴァンが宗教改革を主導した。彼は、人間の救いは神による救済を信じるほかはなく、それぞれの職業は神によって定められたものであり、信仰と禁欲生活、勤勉と蓄財によって救われると説く。世俗の職業を神聖視する彼の思想は、都市市民や商業資本家の共感を得た。カルヴァン派はフランスではユグノー、イギリスではピューリタンと呼ばれ、それぞれ初等・中等教育とアカデミーなどの高等教育の充実をはかった。

（3） 反宗教改革と教育

　宗教改革で打撃を受けたローマ＝カトリックは、イタリアのトリエントで教会会議（1545-63）を開き、教皇至上主義を再確認した。同時に、異端の取り締まり、禁書の統制、各教会における無償の初等教育などを決めたが、これによって反宗教改革が進められた。その中心となったのがイグナティウス＝ロヨラ（Ignatius Loyola, 1491-1556）によって設立されたイエズス会である。同会は、軍隊に似た厳しい規律と階級をもち、禁欲生活と異端との闘い、海外への

布教を積極的に行い、旧教振興のために中等・高等教育機関を多数設置した。イエズス会は、フランスで旧教と新教が殺戮しあった宗教戦争（ユグノー戦争、1562-98）の最中の1564年、パリ大学にクレルモン学寮を開設した。

　教育界におけるイエズス会の名声を高めたのは、厳格な古典語教育と自己犠牲の精神で知られたコレージュである。イエズス会は会士の育成の詳細について、1599年に学事規定（Ratio Studiorum）を定めた。同規定によると、イエズス会のコレージュでは10歳頃から入学し、約6年間、ラテン語、ギリシャ語、ヘブライ語などの古典語を学ぶ基礎課程、さらに3年の哲学課程と4年の神学課程が続いた。学費が低廉で、自発的な学習を奨励しながら、生徒同士を競わせ、試験による進級と留年などを制度化して徹底的に学業をたたき込んだイエズス会のコレージュは、貴族や都市上層市民層の強い支持を得た。聖職者はもちろん、裁判官、財務官、外交官、公証人、医師などに就くには古典語の知識は不可欠だったのである。

　カトリックの司祭ラ・サール（La Salle, 1651-1719）によって1684年頃に設立された「キリスト教学校修士会」は、無償で初等教育を施す慈善学校を設置した。この学校は、ラテン語から始めてフランス語に進む伝統的な学習方法を逆転させてフランス語から始めるなど、当時としては革新的な教授法を行って、富裕層の支持も得た。

（4）　民衆の子どもたちと学校

　16〜17世紀のフランスやドイツでは、ペストやコレラ、戦争や凶作が頻発していた。浮浪者が道端で死に、死んだ乳飲み子が道に横たわっていた。犯罪者、異端者、魔女が公開処刑され、子どもたちもこの娯楽に当然のように連れていかれた。

　女性はしばしば14歳で結婚し、15歳で最初の子を産んだ。乳飲み子が死ぬのは当たり前で、およそ半数が二歳までに死んだ。妊産婦が死ぬのも当たり前だった。都市の貧民は、陽の全く当たらない家に住み、常に飢えにさらされた。農民は家畜のように働いても、労役と年貢や税に苦しめられた。貧しい親たちは、子どもを育てられない場合、里子に出したが、その子どもは不衛生な環境のなかで十分な食事も与えられずに死んでいった。

　人文主義や宗教改革の時期を通じて、特権階層の教育だけではなく民衆教育の必要性が叫ばれた。その学校はと言えば、都市部では、屋根裏や地下室のような狭くて暗くて不衛生な場所にあり、農村部では教会の物置小屋のようなところにあった。授業は宗教以外のことはほとんど教えられず、書き方の授業は賛美歌の丸写しだけだったりした。いや、教師自身が算数はもちろん、ろくに読み書きが出来なかった。

　フランスからカルヴァン派の一掃をはかったルイ14世（位1643-1715）は、1698年の勅令で、学校のない教区に初等学校を設けることを命じた。初等教育の普及は都市部と農村部では違ったが、1690年頃、結婚の際に教区簿に署名出来たのは全国平均で男性28%、女性14%だった。

★図3-2-2　村の学校（17世紀）

　教師には誰でもなれた。聖職者、学生崩れ、退役軍人、職人や寡婦。原則として教区の教会が認めれば特別な資格は要らなかった。もちろん俸給は安かった。日雇い人足と変わらなかった。多くの教師は正業（鍛冶屋や仕立屋など）の片手間に教育をした。

　彼らの多くは粗野で無教養だったため、教え方の工夫も知らなかった。だから、教育には体罰が用いられた。子どもたちは、こん棒や鞭で殴られた。さら

にプロテスタンティズムは原罪と真摯に向き合うものであったから、寛容は悪魔の道具とみなされた。教師や親は、子どもが可愛いのであるなら、聖書の教えにしたがって打つことを躊躇ってはならなかった。プロテスタント（とりわけカルヴァン）の禁欲生活は、賭け事も華美な服装も禁止、性的逸脱は厳罰の対象だった。そのことは子どもの日常にも入り込み、自由な遊びは制限された。カルヴァンは、安息日に輪遊びをした少女を罰した。

3）科学革命汎知の教育へ

　バターフィールド（Herbert Butterfield、1900-79）によれば、科学革命（Scientific Revolution）とはコペルニクス（Nicolaus Copernics,1473-1543）からニュートン（Isaac Newton,1642-1727）の時代、つまり1500年頃から1700年頃を指すという。科学革命には二つの要因、観察や実験を重んじるルネッサンス精神と絶対王制下における重商主義政策が生み出した科学技術の振興政策をあげることができる。

　「モナ＝リザ」や「最後の晩餐」で著名なダ・ヴィンチ（Leonardo da Vinci、1452-1519）。彼は技術者でもあれば、人体解剖も行う科学者でもあった。16世紀には、中世のキリスト教的世界観が地動説によって動揺し、ベーコン（Francis Bacon, 1561-1626）の帰納法、デカルト Rene Descartes,1596-1650）の演繹法によって近代的な思考方法の基礎が形成された。帰納法とは先入観（idola）を排して事実の観察・実験から一般的法則を導き出すもので、ニュートンの万有引力の発見に寄与した。演繹法とは三段論法に見られるように、一つの命題から論理的推論によって必然的結論を導き出すものである。これら人間理性の発見は啓蒙思想を生み出し、市民革命を準備していった。

　16世紀頃にはじまる封建制の解体は、資本主義への移行期に絶対主義体制を取る。王権神授説によって権威付けられた王権の下に産業の振興がはかられ、その基盤となる科学技術の発展が王権によって期待された。フランスやイギリス、ドイツなどに設けられた王立の科学アカデミーはその典型である。科学革命は、錬金術も流行させたが、やがてそれは化学の成長につながった。

　重商主義の下、生産活動や商業活動に従事している都市市民層は、自然科学など現実の生活に有用な知識を重視する実学主義を求めた。この実学主義は、

人文主義と結びつき、ユートピア思想の中で語られた。アンドレエー（Johann
Valentin Andreae、1586-1654）は、『クリスティアノポリス（キリスト教徒の
都）』（1619年）で理想国家（ユートピア）を描いた。そこでは私有財産が否定
され生活必需品は国家によって支給される。青少年は平等に教育されるものと
され、とりわけ数学や、植物学・化学・鉱物学・解剖学・薬学などの自然科学
が重視された。全ての授業は具体的でなければならないとされて植物園が設け
られた。アンドレエーのユートピア思想は後述するコメニウスに影響を与えた。
以下、実学主義に基づく教育思想を展開し、近代教授学を築いたラトケとコメ
ニウスについて見てみよう。

（1）　ラトケ

　ベーコンが唱えた科学研究の方法を最初に教育の実際に適用し、具体的事物
の観察からはじまる教育を提唱したのがラトケ（Wolfgang Ratke, 1571-1635）
だった。

　ラトケは北ドイツのヴィルスター（Wilster）に生まれた。ロストック大学
で神学、哲学、言語学を学んだ後、アムステルダムでアラビア数学を学ぶ。同
地で汎知学的・百科全書的教育による教育改革を研究。1612年にフランクフル
トで開かれたドイツ選帝侯会議に教育改革に関する建白書を提出した。そのな
かで彼は、言語教授法の改革、汎知学的教育、全ドイツで統一的な言語、政治、
宗教を学校で教えることによる平和な社会の実現を訴えた。

　彼は各地で諸侯に教育改革の実現を求めた。1618年にケーテン（Koethen）
侯国が彼の教育計画を受け入れたがすぐさま挫折した。その後も各地で教育改
革を訴え続けるが失意のままエアフルト（Erfurt）で死去した。

　ラトケの教授原則をまとめると次のようになる。

・子どもの興味や関心など学習意欲を喚起せよ。そのためには遊びの要素も重
　要。
・全ては自然の秩序によって教えること。自然の秩序によって簡単なものから
　複雑なものへ、既知から未知へ進むべきである。体罰や暴力的強制は有害で
　ある。

・全てはまず母国語で教えること。
・最初に具体的な事物そのものを、次いで事物に関する法則を。
・子どもの実際の体験や研究によって得られる知識が大切で、無意味な暗記をさせてはならない。

　このように自然の秩序に従うラトケの教授方法は、近代教授学に引き継がれていった。
　では実際にどのような学校とそのカリキュラムを構想したのだろうか。ケーテンの教育計画などからみると、彼は学校を教会の支配から解放し、国家の監督下に置くことを提唱した。そしてその学校では男女が平等に、祈祷とカテキズム、ドイツ語の読み書きと算数、そして唱歌が教えられるものとされ、そしてラテン語、ギリシャ語に進んだ。
　ラトケが生きた時代はドイツ30年戦争（1618-1648）によって国土が荒廃した時代であった。そのなかで彼は、教育改革による社会改革を求めたのである。

（2）　コメニウス

　ラトケの説いた教育思想をさらに深化させ近代教授学の礎を築いたのがコメニウス（Jan Amos Comenius、1592-1670）である。コメニウスはチェコ東部のモラビアで生まれた。新教系のチェコ兄弟教団附属学校で教育を受け、同教団の後継者と目されドイツに送られた。ヘルボルンやハイデルベルクの大学で学び、ベーコン、ラトケやアルシュテット（Johann Heinrich Alsted、1588-1638）から影響を受けた。1614年に帰国。兄弟教団附属学校の教師となり、18年に説教師となる。30年戦争が勃発し、チェコでは新教徒が迫害さ

★図3-3-1　コメニウスの
　　　　　肖像

れたため、ポーランドに亡命。兄弟教団15万人の代表となる。以降、イギリス、オランダ、スウェーデン、ハンガリーなど諸国を放浪し、オランダで客死した。
　コメニウスはドイツ30年戦争の真っ直中に生き、迫害され、妻子を戦乱のな

かで亡くし亡命生活を余儀なくされた。それ故彼は、世界平和のために世界機構がつくられ、学術、宗教、政治において普遍的な思想や知識が打ち出されること、そして全ての人々がその普遍的な思想や知識の体系を学べるようにすること、そのことに生涯を捧げた。

　彼は万人にあらゆることを教えることが世界平和に繋がると考え、『百科全書』（1630年）の執筆者アルシュテットなどの影響下、「汎知学」（Pansophia）を教育内容として展開した。汎知とは、神の言葉が記された聖書の世界、神の似姿である人間自身、そして神によって作られた世界についてのあらゆることを指す。コメニウスはポーランド亡命中の1631年に『開かれた言語の扉』（Janua linguarum reserta）を著した。同書はギムナジウムの言語教育用のテキストとして編集されたものであるが、ラテン語とドイツ語とポーランド語が併記され、天体学、自然学、鉱物学、生物学、人間学（生態・慣習・法律）、職業、社会生活、学術、倫理、宗教などに関して100項目が盛り込まれた。

　ラテン語による知識が特権階層だけのものとなっていた当時、彼は知識を万人よって共有されるために母国語を重視した。同書は、二つの著作へと発展する。一つは初等用に編集され視覚に訴える絵が入った『世界図絵』（Orbis

★図3-3-2　世界図絵の一場面「子どもの遊び」

sensualium pictus,1658）であり、もう一つは中等教育用に編集され、内容を対話形式にして生徒自らが声や身体を使って演劇をしながら学ぶ『遊戯学校』（Schola ludus,1656）である。

　教えるべき内容が汎知でも、子どもが習得できなければ意味がない。コメニウスは汎知をどう教えるかについて心血を注ぎ『大教授学』（Didactica Magna, 1657）を刊行した。同書の序文で彼は、「あらゆる人にあらゆる事を教える普遍的な技法を提示する」と謳い、この技法によって、全ての男女が、僅かな労力で、愉快に着実に学問を教えられ、徳を磨かれ、信仰に厚くなることが出来ると述べた。以下、その技法を概観する。

　コメニウスの技法は、ほぼラトケの教授原則をそのまま踏襲している。

・子どもの興味・関心を重視せよ。体罰などによって強制的に教えてはならない。
・子どもの年齢と能力から言って可能であるものだけを教えよ。
・教材は具体的なものから抽象的なものへ。感覚的なものから思考的なものへ。
・法則よりも実例を先にせよ。
・無意味な言葉を多く知るのではなく事物そのものの知識を。
・全てを感覚および理性の実証によって教えよ。
・まず母国語で知識を先に教え、それから古典語に進めよ。

　これら感覚的直観を重視し、自然の法則に従って行われる教授法を彼は「自然的教授法」（naturalis Methodus）と呼んだ。

　『大教授学』では、あらゆる人が学べる学校として統一学校構想が述べられている。6歳ぐらいまでの乳幼児を対象とする「母親学校」（Schola Materna）、6～12歳頃の児童期を対象とする「国語学校」（Schola Vernacula）、12～18歳頃の少年期を対象とする「ラテン語学校」（Schola Latina）、18～24歳頃の青年期を対象とする大学（Academia）である。

　母親学校では言語や感覚の訓練が行われる。国語学校では母国語で宗教、歴史、算数、地理、工作技術などが『世界図絵』などを用いて教授され、読み書きや記憶力などの内的感覚が訓練される。ラテン語学校では『遊戯学校』などを用いて、聖書、文法、自然学、数学、倫理学、弁証法、修辞学などが教えられ、

認識能力や判断力などが訓練される。大学では神学、医学、法学、哲学などが教えられ、社会の指導者が育成される。

　あらゆる人にあらゆる事を教えることによって、平和なユートピアの実現を求めた彼の思想は、近代教育思想に多大な影響を与えていった。

参考文献：

① 　Marie-Louise Plessen u. Peter von Zahn; 1979, *Zwe Jahrtausende Kindheit;* Verlagsgessellcaft Schulfernsehen.

② 　Horst Schiffler u.Rolf Winkeler 1994, *Tausend Jahre Schule, eine Kulturgeschichte des Lernens in Bildern,* Belser Verlag.

③ 　Gert Geißler 2011, *Schulgeschichte in Deutschland von den Anfängen bis in die Gegenwart* Peter Lang.

④ 　江藤恭二『ドイツのこころ』講談社　1980年。

⑤ 　江藤恭二『世界こどもの歴史－絶対主義・啓蒙主義時代－』第一法規 1984年。

⑥ 　岩崎次男他『西洋教育思想史』明治図書　1987年。

⑦ 　コメニウス、鈴木秀勇訳『大教授学』明治図書　1979年。

⑧ 　井ノ口淳三『コメニウスの生涯と謎を追う』文理閣　2020年。

図表・出典：

★図３-１-１、３-２-２　Horst Schiffler u.Rolf Winkeler 1994, *Tausend Jahre Schule, eine Kulturgeschichte des Lernens in Bildern,* Belser Verlag.

★図３-２-１　筆者撮影

★図３-３-１　Robert Alt 1987, *Paedagogische Werke Bd.2.,* Volk und Wissen Berlin.

★図３-３-２　J. A. Comenius 1658, *Orbis Pictus.*

第4章　18世紀の教育と近代教育思想の形成（啓蒙主義と教育）

1）ルソーと子どもの発見

（1）　ルソーの生涯と時代

ア）ルソーの生涯

★図4-1-1　ルソー

　ルソー（Jean-Jacques Rousseau、1712-1778）は、1712年6月28日にジュネーブ（この当時は独立の共和国）で時計職人の次男として誕生した。ルソーの生後9日目に母親が亡くなったため父親の妹である叔母に育てられ、幼児期を過ごした。父親もルソーが10歳のときに軍人といさかいを起こし、それが原因で出奔してしまう。このような状況の幼少期ではあったが、ルソーは周囲から大事にされ、かわいがられ、平和な田園の自然の中で楽しい時代を過ごしたと述べている。

　1725年（ルソー13歳）、彫金師の徒弟となるが親方の横暴に耐えがたくなり、ジュネーブ市内に帰る際、閉門の時間に遅れたのをきっかけに、それまでの生活を捨て放浪の旅に出た。その後のルソーは、彼の人生に影響を与えることとなる夫人たちとの出会いの中で、職を転々としながら音楽や学問の研究、自己修養の日々を送った。こうした人生の中で、ルソーが教育への関心をもつ契機となったのが家庭教師の仕事であった。ここでの経験が『エミール』における教育論に展開されていくことになるのである。

　私生活では、ルソー33歳の時に9歳年下のテレーズ・ルヴァスールと出会い、結婚する。テレーズとの間に5人の子どもが生まれるが、生活苦などいくつかの理由のため全員を孤児院に送っている。この出来事は、ルソーにとって生涯にわたる後悔となっており、『エミール』の執筆にもその贖罪の念をみることができる。

　ルソーが一躍有名となったのが懸賞論文に当選し、刊行された『学問芸術論』

（1750年）である。ルソーは「学問と芸術が完成に向かって進むにつれて、われわれの魂は腐敗した。…学問芸術の光が地平に昇るにつれて、徳が消えていった」とし、学問と芸術に謳歌する社会で道徳が失われ、堕落したと痛烈に論じている。以後、『人間不平等起源論』（1755年）、『社会契約論』（1762年）などの著作を出版していくが、そこにはルソーの政治制度や社会制度に対する批判と革命的な思想が展開されているのである。

『エミール』は1762年に出版されるが、1か月後には禁書処分を受け、ルソーにも逮捕状が出される事態となった。『エミール』には原罪説に抗する内容や宗教教育に関する内容があり、それが教会権威に対抗しようとする無神論者の書いた神を冒涜するものであるという理由からである。その後、ルソーの著書は次々と発禁処分、焚書処分を受けることになる。

スイスを追われたルソーは各地を転々としながら、自叙伝となる『告白』の執筆や朗読会を開催した。最後の著作となる『孤独な散歩者の夢想』（1776年〜）は一部未完のまま、1778年7月2日に66歳で生涯を終えた。

イ）ルソーの時代

ルソーは、フランス革命前のフランス絶対王政下の旧体制（アンシャン・レジーム）の時代を生きた。植民地抗争、国王の贅沢な生活による国家財政のひっ迫、貴族と教会の支配のもと重税に苦しむ農民など、経済的にも政治的にも矛盾を抱えた混乱の時代であった。その中でうまれた伝統的、封建的な旧体制に対抗する革新的な動向は資本主義の発芽となり、フランス革命をもたらす原動力となっていく。

一方、教育に目を向けてみると、18世紀頃の学校といえば教師が書物を用いて子どもに価値体系や知識を詰め込んだり、強制的に鍛錬によってしつけたりするという伝統的教育が行われていた。子どもの自由は許されず、意思は無視され、教師は「書物を片手に教権をふりまわす監視者」となって、子どもを大人の型にはめ込むことを教育の目的としていたのである。

こうした教育の在り方は、当時の子ども観によるものであった。社会において子どもとは、身体的に小さいだけであとは大人と変わらないと考えられ、すべて大人中心の社会の中での生活を強いられていた。子どもたちは子どもとし

★図4-1-2　大人としての子ども

て扱われることなく、社会は大人を基準にし、大人の都合のいいように子ども
をとらえ、少しでも早く大人になること（＝大人の基準に達すること）を求め
たのである。

(2)　『エミール』にみる「子ども」の発見

　ア）教育者の聖書『エミール』

　『エミール、または教育について』（Èmile, ou de l'èducation）は1762年、教
育小説として出版された。今日、教育者の聖書（バイブル）とも称されるこの
書は、ルソーの教育思想を難しく論じたものではなく、「一人の架空の生徒を
自分にあたえ、その教育にたずさわるにふさわしい年齢、健康状態、知識、そ
してあらゆる才能を自分がもっているものと仮定し、その生徒を、生まれたと
きから、一人まえの人間になって自分自身のほかに指導する者を必要としなく
なるまで導いていく」[†1]（49頁）教師の視点から、ルソーの教育論が論じられ
ている。ルソーは、この教師に「ジャン・ジャック」と自身の名前をつけている。
　『エミール』は序〜第5編で構成されている。第1編は誕生から2歳くらい
までの発達段階に対応した教育の本質的な条件について、第2編は人生の第2
期として2歳くらいから12歳くらいまで、第3編は子ども時代の第三の状態と
して12歳くらいから15歳くらいまで、第4編は15歳からの青年期として15歳か
ら20歳まで、第5編は結婚相手を選ぶ時期として20歳から22歳までというよう
に、各発達段階に対応して教育論が展開されている。第5編は、のちにエミー

ルの結婚相手となるソフィーに代表される女性像とその教育が描かれ、ルソーの女子教育論が論じられている。最後は「旅について」として、エミールが諸国を旅する姿を通して、公民的存在とそのための教育の必要性に関するルソーの考えをみることができる。

　イ）「子ども」の発見
『エミール』を読み解くことでみえてくるルソーの子ども観をとらえていく。

子どもの本性は善である

　ルソー以前の子ども観においては、「人間は生まれながらに罪を背負っており、そのために人間の欲求はすべて悪に向かうのである」という原罪説に由来する性悪説のもと、子どもの本性は悪であるとみなされていた。これに対し、第１編の冒頭でルソーは、「万物をつくる者の手を離れるときすべてはよいものであるが、人間の手にうつるとすべてが悪くなる」[†1]（23頁）と述べる。

　ルソーは、万物を創造した神は全能であり、善なるものであって、神の被造物として生まれる人間は本性的に善なるものであり、子どもの本性も生まれながらに善であるとする。当時の大人たちは、子どもたちがみせるわがままやうそをつくなどの姿を本性的な悪とみなしていた。今日では子どもらしさとしてとらえる子どもの姿を大人たちは自分たちの都合で悪とみなし、それらを取り除き、矯正することを教育の目的としたのである。

「子ども時代」という発達段階がある

　フランスの歴史学者フィリップ・アリエス（Philippe Ariés、1914-1984）は『＜子供＞の誕生』（1960年）において、「中世の社会では、子供期という観念は存在していなかった。このことは、子供たちが無視され、見捨てられ、もしくは軽蔑されていたことを意味するのではない。子供期という観念は、子供に対する愛情と混同されてはならない。それは子供に固有な性格、すなわち本質的に子供を大人ばかりか少年からも区別するあの特殊性が意識されたことと符合するのである。中世の社会にはこの意識が存在していなかった」[†2]（122頁）と述べる。子ども観の変遷をとらえる中で、中世は「子ども」のいない社会と

呼ばれる。アリエスが指摘するように、子どもがいないわけではなく、大人と区別された「子ども」という存在が認識されていなかったのである。

　中世では、幼児期を終えると子どもたちは家を出て、徒弟として働くことが一般的であった。つまり、幼児期を終えるとすぐ大人と同じ生活を送り、子どもとして過ごす時代はなかったのである。これに対し、ルソーは大人と子どもとを明確に区別し、子どもには「子ども時代」という時期があり、発達的に区分される特徴をもった発達段階の一つとして位置づけた。大人は「子どものうちに大人をもとめ、大人になるまえに子どもがどういうものであるかを考えない」[1]（18頁）、が「自然は子どもが大人になるまえに子どもであることを望んでいる」[1]（125頁）とし、社会の中で子どもが子どもとして扱われる時代の必要性を訴えたのである。

　ルソーは、人間の教育を人間の能力と器官の内部的発展という「自然の教育」、いわば自然に従って教育するという合自然の教育を重視する。発達の「順序をひっくりかえそうとすると、成熟してもいない、味わいもない、そしてすぐに腐ってしまう速成の果実を結ばせることになる」[1]（125頁）のであり、何より「子どもの進歩と人間の心の自然の歩みに従う」[1]（49頁）という発達段階に即した教育の在り方が、ルソーの教育論の基盤となっているのである。

「子ども時代」は大人になるための準備段階ではない

　ルソーは、「子ども時代」という発達段階を位置づけ、子どもの発達段階に即した教育の必要性を訴えた。それぞれの発達段階には「人生それぞれの時期、それぞれの状態にはそれ相応の完成というものがあり、それ固有の成熟というものがある」[1]（271頁）とし、各発達段階において子どもからあらわれる発達的要求に応じて、心身の発達に即したその段階にふさわしい教育を行うことを強調した。

　特に、子どもの時代にはその時期にしか獲得できない発達の諸要素がある。それにもかかわらず大人になることを急がせるあまり、大人になって必要なことを獲得させようとすることばかりに熱心になり、子どもが子ども時代を子どもとして充分に過ごすことができないまま大人になってしまった場合には、どんなに知識や行動を身につけていたとしても見かけだけ大人であって、人間的

な成長・発達を遂げた存在としての大人ではないのである。人間としての成長・発達はそれぞれの発達段階の連続性のうえにあり、子どもとして充実した生活を子ども時代に送ることができた子どもにおいて、その後の人間的な成長・発達の可能性が保障される。つまり、子ども時代は大人になるための準備段階ではなく、大人になるために必要なことは、子ども時代を子どもとして子どもらしく生活する（生きる）ことなのである。

「子ども時代」には固有性、特有性がある

ルソーは子どもという存在をとらえる視点として、「子どもには特有のものの見方、考え方、感じ方がある」[1]（125頁）と述べる。ルソー以前の社会では、子どもは大人の基準でその価値をはかられていた。しかし、ルソーは子どもとは本質的に大人とは異なる存在であり、大人と子どもを比べること自体が無意味なこととした。そして、子どもには大人にはない特有のものの見方、考え方、感じ方があるとし、子ども時代を大人とは異なる固有性、特有性のある時代として位置づけたのである。

当時の大人たちは、子どもの未成熟さ、未発達さを大人と比べて人間として劣る存在、価値のない存在ととらえ、自分たちの価値や流儀を押し付ける教育を行っていた。ルソーは「植物は栽培によってつくられ、人間は教育によってつくられ」[1]（24頁）、「生まれたときにわたしたちがもってなかったもので、大人になって必要となるものは、すべて教育によってあたえられる」[1]（24頁）と述べる。人間における教育の可能性と必要性を訴えるルソーにおいて、子どもという存在の価値を認め、その固有性、特有性にもとづく教育の在り方は重要な視点であった。

そこでルソーが子ども時代にふさわしい教育の在り方として提唱したのが「消極教育」（l'éducation négative）である。ルソーは、「初期の教育はだから純粋に消極的でなければならない。…こうして、はじめにはなにもしないことによって、あなたがたはすばらしい教育をほどこしたことになるだろう」[1]（132〜133頁）と述べる。これは、「美徳や真理を教えることではなく、心を不徳から、精神を誤謬からまもってやること」[1]（132頁）であり、「知識の道具である諸器官を完成させ、諸感覚の練習によって理性を準備するような教育」[3]（464頁）

である。ただ何もしないということではない。発達段階ごとの自然な発達を保護し、子どもからあらわれてくる自然な発達的要求に応じ、それに従って行う教育である。

　ただし、何もせず、子どもから発達的要求があらわれてくるのをただ待っていればよいというものではない。必要なことは、子どもの自然な発達を保障するため、行動や体験を通した学習の中で子どもに物を教えるのではなく、知りたいという欲求を起こさせること、真理を教えるのではなく、真理を発見する方法を学ばせることである。ここに学習の主体としての子どもを見出すことができる。

（3）　ルソーにおける「子ども」の発見の今日的意義

　ルソーにおける「子ども」の発見とは、「大人は大人」であり、「子どもは子ども」であるという子どもの存在を明確に示したということである。そして、それは子どもを人格をもった一人の人間として尊重し、生きる権利をもった存在として位置づける近代の子ども観の礎となっている。

　ペスタロッチー、フレーベルなどをはじめとして、多くの教育者が『エミール』を読み、ルソーの教育論の影響を受けたと言われている。ルソーが我が子を孤児院に預けたことやルソーの教育論にみられる限界など、今日ルソーに対するさまざまな批判がある。しかし、ルソーによって子どもという存在が社会の中で「生きる」ことができるようになり、今日に至るまで子どもが愛情を受けながら、社会の中で何よりも大切にされる存在として扱われているのは、ルソーなくしてはあり得なかったことである。

引用文献：

†1　ルソー著　今野一雄訳　『エミール（上）』　岩波文庫　1993年。

†2　フィリップ・アリエス著　杉山光信・杉山恵美子訳　『＜子供＞の誕生－アンシャン・レジーム期の子供と家族生活－』　みすず書房　1980年。

†3　ルソー著　「ジュネーブ市民ジャン＝ジャック・ルソーからパリ大司教クリストフ・ド・ボーモンへの手紙」　『ルソー全集第7巻所収』　白水社　1982年。

参考文献：
① 押村襄・押村高・中村三郎・林幹夫 『ルソーとその時代』 玉川大学出版部 1997年。
② 秋葉英則 『「エミール」を読みとく』 清風堂書店 2005年。

図表・出典：
★図4-1-1 島 芳夫 『ルソー』 弘文堂 1936年。
★図4-1-2 Horst Schiffier u. Rolf Winkeler 1994, *Tausend Jahre Schule, eine kulturgeschte des Lernens in Bildern*, Belser Verlag.

２）コンドルセの公教育論
(1) フランス革命に至るまでのコンドルセ

　ニコラ・ド・コンドルセ（Marie Jean Antoine Nicolas de Caritat Condorcet, 1743-1794）は、1743年９月17日に北フランス、ピカルディのリブモンの軍人の家に生まれた。幼くして父を亡くし、叔父のもとなどで教育を受けた。15歳でコレージュ・ド・ナヴァルに入学すると、コンドルセは特に数学の才能を発揮し、在学中にダランベール（Jean Le Rond d'Alembert, 1717-1783）によってその才能を見込まれた。卒業後は数学者の道を志し、1765年に『積分論』を著わしたのを皮切りに、『三体問題論』や『解析論』など次々と著作を発表した。こうした業績を受けて、1769年にダランベールらの推薦で26歳の若さで科学アカデミー会員になり、1773年には科学アカデミーの終身幹事にも就任した。1774年にルイ16世

★図4-2-1　コンドルセ像

が即位すると、テュルゴー（Anne-Robert-Jacques Turgot, 1727-1781）が財務総監に就任し、彼のもとで造幣総監を務めた。テュルゴーの自由貿易主義に基づく経済政策を推進し、数学上の実績に裏付けられた経済学者としての素質を発揮した。1782年には再度ダランベールの推薦を受け、アカデミー・フランセーズの会員に就任した。このようにコンドルセは、学界や政界において華々しく歩んできたといえる。彼が会員となったアカデミー・フランセーズや科学アカデミーによって構成される、フランスの学術の殿堂である「フランス学士院」のすぐ側に現在コンドルセの像が建てられていることは、彼の功績の大きさを分かりやすく伝えるものである。

　こうしたコンドルセが辿った過程をみると、彼の関心は純粋な数学から、数学を社会科学に適用することに比重を移していったことが分かる。すなわち彼は社会改革への意志を次第に持つようになっていったのであるが、そうした中で勃発したのがフランス革命である。

⑵　「公教育に関する５つの覚書」と「コンドルセ案」

　1789年７月14日のバスティーユ牢獄の襲撃を契機として始まったフランス革命は、コンドルセの人生を大きく変えるものであった。彼は革命の影響を受ける形で、1791年に政治雑誌『公人叢書』に、「公教育の本質と目的」「青少年の普通教育について」「成人の普通教育について」「職業教育論」「科学教育論」という5つの論文を相次いで発表した。これらは「公教育に関する５つの覚書」と総称され、これらの論文を通して自らの公教育に関する見解を示した。そしてこの年、「1791年憲法」を制定して国民議会が解散したことを受けて実施された立法議会の選挙において、コンドルセは当選を果たした。「1791年憲法」に基づいた法令の制定を目的とした立法議会は、王政の存続を主張する立憲君主派と、共和政への移行を主張するジロンド派の対立によって特徴付けられるが、コンドルセはジロンド派に属する議員であった。

　10月１日に立法議会が招集された際、コンドルセは公教育委員会の委員に選出され、「公教育に関する５つの覚書」の内容を実践に移すべく法案の作成に取り掛かった。完成した法案は1792年２月の公教育委員会での承認を経て、1792年の４月20日〜21日に議会で「公教育の一般組織に関する報告および法案」

（以下「コンドルセ案」と記す）として報告された。しかしながら、コンドルセにとって不運なことに、報告と同日の４月20日、革命を推し進めるべく対外戦争を主張するジロンド派によって組閣された政権によって、革命に敵対的なオーストリアへの宣戦布告がなされたことで、結局「コンドルセ案」が審議されることはなかった。より喫緊の課題である対外戦争を前にして国内の教育は後回しにされてしまったのである。

（３）　フランス革命と公教育

　「コンドルセ案」は対外戦争を前にして確かに審議されることがなかったものの、一方でフランス革命期にはコンドルセ以外にも複数の議員が公教育案を作成しており、当時の議会において公教育は重要な案件の１つであった。その理由は、フランス革命によって生まれた新しい国家を支えるための新しい国民の創造という課題に議会が直面していたからであった。そのため、「コンドルセ案」が報告された立法議会のみならず、前後の国民議会および国民公会でも公教育委員会が設置されていた。

　また、フランス革命期の議会で公教育が論じられた根本的な背景として、絶対王政と公教育は本来理念的に合致しないものであるため、絶対王政時代の「公教育」とは実現不可能な抽象論に過ぎなかったが、フランス革命の結果、真の意味で公教育を実現することのできる国家が成立したことを指摘する必要があろう。コンドルセがフランス革命の勃発を受けて「公教育に関する５つの覚書」を執筆したのはそのためである。前節で取り上げたルソーは、『エミール』において、今日において公教育は存在しえないという理由から家庭教育を論じたのだが、それから30年も経たないうちに状況が大きく変わったのである。

　以上のことを踏まえ、「公教育に関する５つの覚書」の第１論文「公教育の本質と目的」と、「コンドルセ案」に主に依拠しながら、コンドルセの公教育論について検討していきたい。

（４）　平等の実質化

　コンドルセが挙げる最も重要な公教育の原理は、「公教育の本質と目的」の最初の一文である「公教育は国民に対する社会の義務である」[†1]（９頁）とい

★図4-2-2　パリ市庁舎（時計の下に「自由」「平等」「友愛」と記されている）

うものである。このようにコンドルセが考えた理由は、いかに法律で権利の平等を謳っても、教育に格差があり権利を行使するための十分な知識をもっていなければ、その平等は有名無実なものになってしまうからである。「コンドルセ案」でも、「自然から受け取った才能を完全に開花させ、そのことによって市民間の事実上の平等を確立し、法によって認められた政治的平等を現実のものにする方策を保証すること」[+2]（11頁）という教育の目的を冒頭に掲げている。教育の不平等を専制の主要な源泉と考えるコンドルセにとって、公教育の最も主要な目的は実質的な平等の確立であり、そして知識がないことから他の人に従属しなければならなくなるような状況をなくすことにあった。コンドルセは、教育の有無は知識の差を生み出すだけではなく、教育を受けることを通して涵養される几帳面さや礼儀といった道徳面での差をも生み出すと考えており、公教育の実施は道徳面での不平等の減少にもなると述べている。

　以上のようなコンドルセの認識は、1789年8月26日に国民議会が採択した人権宣言の核であるとともに、有名なフランス革命期のスローガン（自由・平等・友愛）の1つでもある、「平等」の理念に強く裏付けられるものであったといえる。

（5）　思想信条の自由、科学的な真理の教授

　「公教育の本質と目的」に謳われた重要な公教育の原理に、「公教育を知育のみに限らなければならない」[+1]（31頁）というものもあり、コンドルセは、道徳教育や宗教教育といった徳育を公教育の対象外とすべきということを主張し

た。コンドルセがそのように考えた理由として３点挙げられる。第１の理由は、コンドルセは多様な職業に対応するために多様な教育の段階を前提としたのだが、徳育は知育とは異なって内容の段階づけが現実的に難しいからである。第２の理由は、公権力が尊重しなければならない親の権利を侵害するようになるからである。望ましい家庭や親子関係を築くうえで道徳教育と宗教教育は重要な要素であるがゆえに、コンドルセはそれらを基本的には家庭に任せるべきと考えていたのである。そして第３の理由が最も重要なのであるが、思想信条の自由に抵触するからである。コンドルセは、既存の特定の思想信条を公権力が公教育を通して神聖化してはならず、どのような思想信条を重視するのかは国民の手に委ねられるべきであることを主張したのである。

　以上のような理由から、コンドルセは、徳育を公教育の対象外としたのであるが、「コンドルセ案」では、実際には道徳も教育の内容として位置付けられ、決して徳育全般を排除したわけではなかった。しかしながら彼が認めたのは理性や科学に基盤を置いた道徳であり、特定の宗教と結び付いた道徳は決して公教育の対象とされてはならなかった。

　また、このことを踏まえ、コンドルセが公教育の対象として明示した知育についてもここで併せて触れておきたい。コンドルセにおいて知育の対象となるのは、学問的な裏付けをもつ科学的な真理に限定される。そうした考え方には近代的な教育内容論の源流を見ることができよう。そのうえで彼は、知育の中でも、従来のように哲学ではなく、数学や物理学等の自然科学の教育を重視した。その理由は、推論や分析の能力を高めることができる点で、自然科学は人文・社会科学以上に理性を育むことに適していると考えたからである。自身が数学者であったため、自然科学を教育することの重要性を十分に認識していたといえよう。

（6）教育の独立

　徳育を公教育の対象外とした最も重要な根拠である思想信条の自由と関連付けられるが、コンドルセは、あらゆる教育の第一の条件は真理のみを教えることにあるから、公権力は教育に介入することはできず、公教育は公権力から独立したものでなければならないと考えた。こうした教育の独立は、コンドル

セにとって人類の権利の一部でもあった。「コンドルセ案」の中で述べられた、「これがお前の知るべきことだ、ここでお前は止まるべきだなどと命じる権利を、いかなる公権力がもちえようか。真理のみが有用であり、誤謬はすべて害悪なのだから、どんな権力であれ、いかなる権利によっても、どこに真理があり、どこに誤謬があるかを厚かましく決定することなどできようか」[2]（97頁）という文言はそうしたコンドルセの考えを明確に示しており、公権力が真理を支配することによって、為政者にとって都合がいいように公教育が歪曲されていくことを徹底して退けたのである。また、同じく「コンドルセ案」の中で述べられた、「いかなる公権力も、新しい真理の展開を妨げたり、個々の政策や一時的な利害に反する理論の教育を妨げたりするほどの権威や影響力をもってはならない」[2]（15頁）という文言も、教育の独立を脅かすような公権力による教育への介入を批判する彼の立場が強く打ち出されているものである。

　コンドルセは、こうした公教育を実施するうえでの絶対条件ともいえる教育の独立を保障するために、個別の利害に左右されにくく世論を最も反映しやすい議会に教育を従属させるべきことを主張した。

（7）　機会均等、生涯学習、男女平等・男女共学、無償

　「公教育の本質と目的」と「コンドルセ案」には、今日の公教育の重要な原理がさまざまに謳われており、以下に4点指摘する。

　1つめは、教育を平等に全員に行き渡るように配慮することや、いかなる階層の市民にも高等な教育を受けることを拒否してはならないことなど、教育の機会均等である。公教育を通して実質的な平等をめざすコンドルセにとって、教育の機会均等は不可欠の原理であった。

　2つめは、学校を卒業した途端に学習者を見捨ててはいけないこと、教育はあらゆる年齢の人に及ぶべきこと、そしてどんな年齢であっても学ぶことは有益であり学ぶことができることなど、生涯学習の考え方である。「コンドルセ案」では、学校が、一般市民を対象として毎日曜日に公開講座を開くことを定めており、コンドルセは、学校教育を、子どもや若者だけを対象にしたものとは考えなかった。

　3つめは、真理に性差はないため、真理を対象とする教育にも性差はなく、

男女が学習する内容は同一であるという男女平等の教育である。ただし、子ども
もの教育のために女子教育が必要である、ないしは、女性にも知識があれば男
性の知識の維持につながるといったように、彼には、男性や子どものために女
子教育を行うと考えている節が見受けられる。しかしながら、根本において、
女子と男子は同等の権利があることをコンドルセは認めており、このことが男
女平等の教育の根幹にあると見るべきであろう。また、男女共学は道徳的に問
題であるどころかむしろ有益であることなどを指摘し、男女共学を主張してい
る。

　４つめは、教育の無償であり、初等教育に限らずすべての段階の教育を無償
にしていることが注目される。その理由として、裕福ではない家庭環境の子ど
もでも学習できるようにすることをはじめ、学校間での教育格差を生じないよ
うにすることや、金額を気にせずに子どもが多様な勉強をできるようにするこ
となどが挙げられている。

　以上４点に亘って、コンドルセの公教育論の中から今日の公教育の重要な原
理を探ってきた。今日の公教育の原理として義務制も重要なものであるが、先
の道徳教育および宗教教育のところでもみてきたように、親の教育権を重視す
るコンドルセは義務制にすると親の教育権を侵害することにつながると考えて
いたため、彼は義務制については取り入れなかった。

（8）「コンドルセ案」おける学校体系

　コンドルセの公教育論の最後に、「コンドルセ案」の中で示された学校体系
について検討したい。コンドルセは次のような５つの教育機関を構想した。

　第１段階は、すべての国民に必須の知識が教えられる「初等学校」である。
教育機関の中で唯一全国民が就学することを想定したが、先に述べたように就
学義務は課していない。教育の機会均等を守るために、最低400人の住民が住
んでいれば、当該集落に１校設置され、１人の教師が配置される。具体的な教
育内容は、読み書き、四則演算、土地や建物の測定法、地理、道徳などである。

　第２段階は、社会で職業を営むために必要な知識や、特に専門的知識を必要
としない公職に必要な知識などが教えられる「中等学校」である。各地区の首
府と人口4,000人以上の都市に設置される。中等学校では、数学、博物誌、化学、

道徳と社会科学、商業などが教育の基本をなす。

　第3段階は、すべての公職に必要な知識や、研究に必要な内容などが教えられる「アンスティテュ」（学院）であり、各県1校を含む計110校が設置される。アンスティテュは、「数学・自然科学」「道徳・政治学」「諸科学の技術への応用」（医学・農学・工学など）「文芸・美術」の4部門から構成され、各部門はさらに複数の分野に分かれて、分野ごとに教授1名が置かれる。こうした部門構成は、以下の「リセ」と「国立学術院」も同様であり、逆にいえば国立学術院によって、リセとアンスティテュは教育区分を規定されているのである。初等学校からアンスティテュまでは、毎日曜日に一般市民を対象とした公開講座の開講が定められており、公開講座を通して、学校で学んだ知識の忘却を防ぐこと、改正法など最新の知識を得ること、自学の方法を身に付けることなどが期待された。

　第4段階は、科学や技術に関する高度な専門教育を行うことを目的とする「リセ」であり、個人の教育を目的とした教育機関としては最高段階である。リセは全国で9校設置され、1つのリセに39人の教授が置かれる。設置場所として、自由と平等の理念の普及や、外国人への門戸開放という理由から、国境近くの都市が積極的に選定された。

　最終の第5段階が、知識人や学者で構成される「国立学術院」で、パリに設置される。国立学術院は、社会全体の教育を担う教育機関であると同時に、科学、学問、技術の発展に尽くし、知識の総量を増大させることを任務とする研究機関である。国立学術院は、研究成果に基づきながら学校での教育内容を選定する権利を有しており、自然科学を中心とした科学的真理の教授を重視するコンドルセの公教育構想を体現する役割をもっている。そして監督機関として、リセ以下の教育機関の監督や指導を行う。教育の独立を保障する観点から、教育は議会に従属するのであるが、実際に教育を管轄するのはこの国立学術院となる。国立学術院は合計418名の会員で構成され、各部門ともにパリ在住者と地方在住者の会員数が均等になるように配慮された。また各部門ともに外国人の所属が想定された。

（9）　国民公会とコンドルセ

　以上、「公教育の本質と目的」ならびに「コンドルセ案」に主に従いながら、

コンドルセの公教育論について論じてきた。最後に国民公会の成立以降のことについて言及することで本節を締めくくりたい。

　立法議会の後を受け、男性普通選挙を経て1792年9月21日に成立した国民公会でもコンドルセは当選を果たした。共和政の樹立を宣言した国民公会は、コンドルセの属する穏健的共和主義のジロンド派と、急進的共和主義のジャコバン派の対立によって特徴付けられる議会であったが、コンドルセは国民公会でも公教育委員会の委員に選出された。委員会では当初、立法議会において審議未了となっていた「コンドルセ案」に従って審議がなされるも、「コンドルセ案」における知育偏重の立場やそれを支える国立学術院の存在が批判され、次第に影響力を失っていった。そうした中、1792年12月20日に新たに議会で報告されたジャコバン派のロム（Charles. Gilbert Romme, 1750-1795）の公教育案は、「コンドルセ案」とは異なり、知育と並んで徳育をも重要な公教育の対象とするものであった。また、以降の内容と時期が前後するが、1793年7月13日に議会で報告されたジャコバン派のルペルティエ（Louis-Michel Lepeletier, 1760-1793）の公教育案も、すべての子どもたちを家庭から引き離して寄宿制の国民学寮で教育することに示されているように、さらに徳育の側面を強調するものであった（ただし彼は同年の1月20日に暗殺されたため、報告は後述するロベスピエールが行っている）。

　国民公会の成立以降、1793年2月13日にイギリス首相ピット（William Pitt, 1759-1806）の提唱により第1回対仏大同盟が締結されたり、3月10日にヴァンデーの反乱と称される大規模な農民反乱が発生したりするなど、フランスは内憂外患の状態であった。そうした状態に対する不満から5月31日に起きたパリでの民衆蜂起に呼応する形で、6月2日にロベスピエール（Maximilien François Marie Isidore Robespierre, 1758-1794）を中心としたジャコバン派が国民公会で権力を掌握し、コンドルセら29名のジロンド派の議員が逮捕され、議会から追放された。コンドルセはこの不当な実力行使を非難するとともに、ジャコバン派によって6月24日に成立した憲法（1793年憲法）を批判したが、そのことが原因でジャコバン派によって死刑判決を受けた。その結果、コンドルセは逃亡生活を余儀なくされた。この逃亡中に執筆したものが、『人間精神進歩史』である。この中で彼は、進歩史観に基づいて、これまでの世界史を9

★図4-2-3　パンテオン

期に分けて論じた。そのうえで、知識、自由、道徳が進歩し、自然権が尊重されるような、将来訪れるだろう第10期を、希望を込めて描いた。公教育を人類の進歩に寄与するものとしても位置付けたコンドルセにとって、人間の進歩についての考察することは、最後まで追求されるべき課題であった。

　ジャコバン派による恐怖政治が強化されていった時期に当たる1794年3月28日、パリ郊外でコンドルセは逮捕され、彼の逃亡生活も終わりを告げた。そして翌29日に獄中で自ら命を絶った。コンドルセは、フランス革命期に最も卓越した公教育案をまとめながらも、当時は結局それが日の目を見ることはなく、さらには彼自身も恐怖政治化していく革命の犠牲となってしまったのである。しかしながらコンドルセの公教育に対する考え方は、今日の公教育の中に深く息づいているといえよう。前節で取り上げたルソーと同様に、コンドルセの棺は、入口に「偉人たちに祖国は感謝する」という言葉が刻まれた、フランスのために尽くした人々が眠るパリのパンテオンに安置されている。

引用文献：

†1　コンドルセ著、松島鈞訳／タレイラン他著、志村鏡一郎訳　『公教育の原
　　理／フランス革命期の教育改革構想』　明治図書出版　1973年。

†2　コンドルセ他著、阪上孝編訳　『フランス革命期の公教育論』　岩波書店
　　2002年。

（※表現や漢字の表記につきまして本文に照らし合わせて適宜変えています）

参考文献（引用文献は除く）：

① 石堂常世 『フランス公教育論と市民育成の原理－コンドルセ公教育論を起点として－』 風間書房 2013年。

② 河野健二編 『資料フランス革命』 岩波書店 1989年。

③ コンドルセ著、渡邉誠訳 『人間精神進歩史（第1部、第2部）』 岩波書店 1951年。

④ 田辺寿利 『コンドルセとコント』 未来社 1982年。

⑤ 吉田正晴 『フランス公教育政策の源流』 風間書房 1977年。

図表・出典：

★図4-2-1〜4-2-3：筆者撮影

第5章　19世紀の教育と近代教育思想の展開（民衆教育思想）

1）ペスタロッチの貧民教育思想

（1）　教育者ペスタロッチの誕生

　近代教育思想を代表する人物をひとり挙げると
するならば、スイスの教育家ペスタロッチ（Johann
Heinrich Pestalozzi, 1746-1827）をおいてほかに
はいないだろう。ヨハン・ハインリヒ・ペスタロ
ッチは外科医の息子として1746年スイスのチュー
リヒに生まれた。5歳の時に父を亡くしてからは
経済的に困窮した生活を余儀なくされたが、母親
の愛情に包まれて育ったという。

　学生時代に参加したゲルヴェ・ヘルヴェチア協
会、通称「愛国者団」の活動を通して貧困問題の
解消など社会改革の必要性を感じたペスタロッチ

★図5-1-1　ペスタロッチ

は、一方で自然主義者ルソーの著作『エミール』にも感銘を受け、ノイホーフ
と名づけた土地で自ら農場経営をはじめる決意を固めた。

　残念ながら農業は失敗に終わったが、自然豊かなこの土地に貧しい子どもた

★図5-1-2　ノイホーフの風景

ちを集め学校を開設することを思いつき、1774年ノイホーフ貧民学校を設立する。教育者ペスタロッチの誕生である。

（2）主要著作と教育実践

1780年にノイホーフの貧民学校が経営破綻してからのペスタロッチは、しばらく執筆活動に傾注し、『隠者の夕暮』（Die Abendstunde eines Einsiedlers, 1780年）や『リーンハルトとゲルトルート』第1部（Lienhard und Gertrud, 1781年）などの著作を次々と世に問うた。

『隠者の夕暮』は、自然豊かなノイホーフでの教育実践をベースに執筆されたことからも明らかなように、自然の秩序における人間の生き方について語られており、ルソーの影響を色濃く留めた著作である。「玉座の上にあっても木の葉の屋根の蔭に住まっても同じ人間、その本質からみた人間、一体彼は何であるか」[+4]（7頁）という冒頭の一文はあまりにも有名である。

『リーンハルトとゲルトルート』は、池井戸潤原作の「半沢直樹」シリーズを彷彿とさせるような啓蒙小説である。具体的には、とある悪代官の陰謀によって窮地に立たされた夫リーンハルトを助けるために、妻のゲルトルートが領主に実情を訴え、世の中の不正をただすというストーリーであった。当時かなりのベストセラーになったため、同書は第4部まで出版されたという。

1798年からはシュタンツ孤児院の運営を任されるかたちで再び教育実践に携わることとなり、『シュタンツだより』（Brief an einen Freund über seinen Aufenthalt in Stanz, 1799年）や『ゲルトルートはいかにしてその子を教うるか』（Wie Gertrud ihre Kinder lehrt ?, 1801年）などの著作を執筆しながら、ブルクドルフやミュンヘンブッフゼー、イヴェルドンなど、各地で自ら学校を開き、精力的に教育実践を行った。

もっとも、ペスタロッチの教育実践は、ノイホーフの貧民学校が6年ほど、シュタンツの孤児院に至ってはわずか6ヵ月足らずで閉鎖を余儀なく

★図5-1-3　シュタンツの
　　　　　ペスタロッチ

されたように、決して順風満帆なものではなかった。しかし、何度失敗しても諦めることなく教育実践の成果を著作にまとめ、その執筆や出版によって得られた報酬を次なる教育実践と貧民救済に注ぎ込むというライフサイクルを生涯貫いたとされる。

（3）　ヒューマニズムの精神－『立法と嬰児殺し』－

　ペスタロッチの人生と数々の教育実践を根底において支えていたのは、ヒューマニズムの精神であろう。『立法と嬰児殺し』（Gesetzgebung und Kindermord, 1783年）は、その衝撃的なタイトルとは対照的に、まさに彼のヒューマニティを象徴する作品である。

　『立法と嬰児殺し』は、若くして妊娠した少女による赤ちゃん殺しをテーマにした著作である。こうした悲しい出来事は現代においても大きな社会問題となっているが、特筆すべきは、ペスタロッチが嬰児殺しの責任を、当該少女だけではなく、相手の男性や家族、ひいては社会全体に求めている点である。

　「人間よ！立法家と裁判官よ！出産時に混乱し、不安にされる少女はこのような事情においては、必然的にその子に対して、動物のもつ親切をさえ失うのだ。この時、かつて自分を抱き締めたことのある青年に棄てられ、かつすべての人に擯斥され、無視され、さらにすべての事情のために不安にされ、心配させられ、おまけに何の援助も無く出産し援助もなく出産せねばならない少女は、出産時の満たされぬ動物的な要求のほとんど避け難い結果として、絶望と嬰児殺しとがあらわれるような状態や境遇におかれている。」[†2]（127頁）――ペスタロッチは、若くして妊娠した少女が絶望感に苛まれて赤ちゃんを殺害しなくても済むような社会の実現とそのための法的整備が重要だと説く。

　こうしてペスタロッチは、「嬰児殺しの源泉を防ごうとする立法は、他のことに気を留めず、これらの不幸な女たちからその児を引き取り、その哀れな身の上を隠すように、あらゆる方法で便宜を与えるべきだ」[†2]（53頁）と述べ、いわゆる「赤ちゃんポスト」のような匿名の児童保護制度の整備を提案する。世間一般がそうしたように少女に全ての罪を着せるのではなく、ペスタロッチは、少女の気持ちに寄り添いながらこの問題の根本的な解決策を探ろうとしたのである。

（4）　子どもに寄り添う姿勢－シュタンツ孤児院におけるペスタロッチ－

　教育思想家であると同時に、教育実践家でもあったペスタロッチの教育思想はいずれも、目の前にいる現実の子どもに寄り添うという点をその共通基盤としている。実際、ノイホーフでの貧民学校も『立法と嬰児殺し』におけるヒューマニズム精神も、苦境に立たされている少年少女にできるだけ寄り添おうとするペスタロッチの姿勢がなければ成り立たなかったであろう。こうした子どもに寄り添う姿勢がもっとも象徴的に示されているのは『シュタンツだより』の次の一節である。

　「わたしは彼らとともに泣き、彼らとともに笑った。彼らは世界も忘れ、シュタンツも忘れて、わたしとともにおり、わたしは彼らとともにおった。彼らの食べ物はわたしの食べ物であり、彼らの飲み物はわたしの飲み物だった。わたしは何ものももたなかった。わたしはわたしの周囲に家庭ももたず、友もなく、召使もなく、ただ彼らだけをもっていた。彼らが達者なときもわたしは彼らのなかにいたが、彼らが病気のときもわたしは彼らのそばにいた。」[4]（58頁）──ここには、一切の私利私欲を捨て子どもたちに寄り添おうとする教育実践家ペスタロッチの覚悟が吐露されていると言えるだろう。グローブ作「ペスタ

★図5-1-4　ペスタロッチとシュタンツの孤児

ロッチとシュタンツの孤児」は、教育実践家としてのペスタロッチの姿を見事に表現した名画である。

(5)　「メトーデ」

　子どもに寄り添う姿勢は、「メトーデ」と呼ばれるペスタロッチの教授法においても貫かれている。「メトーデ」とは、「方法」という意味を持つドイツ語 "Methode" をそのままカタカナ表記したものであるが、これを「方法」と訳さず慣例的に「メトーデ」と表記するのは、この教授法の普遍妥当性を強調しようとしたペスタロッチへの最大限の敬意からであろう。

　ペスタロッチによれば教授の最終目標は、世の中に起こるさまざまな現象の構造や因果関係を子ども自身が抽象的概念を用いながら明晰に説明できることである。しかし、子どもは最初からこのような知的能力を有しているわけではない。ペスタロッチがこのとき注目したのが「直観」である。

　『メトーデ』（Methode, 1800年）の中でペスタロッチは次のように語る。「自然は一般に最初はいとも単純なもので、その単純なものから一歩々々と進んでゆく。わたしは自然の道に従う。児童が空気とか、土とか、水とか、火とかいうような単純な物体を知ると、そこでわたしは彼が知っているすべての物体に対するこれらの要素の作用を示してやる。そして子供が多くの単純な物体の結合の結果を知っている場合には、わたしは彼にまた互いに結合せる物体の反対の作用を示し、かくしていたるところで直観の単純な道ゆきを通して高い学芸の境地へと子供を導いてゆく。」[3]（243頁）

　すなわち、抽象的概念を教える前にまず具体的事象に子どもたちに触れさせ、いわば直観の基礎基本＝ABCを働かせることが重要だと考えたのである。「児童たちは直観のABCそのものによってこの目標に到達する。というのは母親の書ですでにおぼろ気ながら意識するにいたっているこの技術の手段、すなわち言語と数とがこの直観のABCで測定の一定の目的のために明瞭なものにされ、従ってこのABCによってあらゆる形における数および量を明確に表現しうる能力を彼らは習得するからだ。」[3]（144頁）

　「どの分野にとっても、その教授を一般に数・形・語から出発させるということが、いかに重要であるかを知った」[3]（83頁）と自ら語るように、ペスタ

ロッチは「数・形・語」に代表される基本的な感覚認識を「直観の ABC」と呼び、子どもの発達段階に寄り添う教授法（メトーデ）の開発を目指したのである。

（6）「居間の教育」－生活が陶冶（とうや）する－

　直観教授を基盤としたペスタロッチの教授法は、その後の学校教育に多大な影響を及ぼした。その一方で彼は「居間の教育」（Wohnstubenerziehung）や「生活が陶冶する」（Das Leben bildet）というキーワードを用いて、家庭教育の重要性をも強調した。

　居間とは、言うまでもなく家族全員が集う家庭の象徴的空間であり、陶冶（Bildung）とは人間形成の意味であるが、これらの言葉でペスタロッチが訴えたかったのは、一つ屋根の下で親と子が寄り添いながら暮らすということの大切さであり、何気ない日々の生活と家族団欒のさまざまな教育効果である。

　「偉大な教育の格言「生活が陶冶する」という主張は、直観力を合自然的に発展させることに関して十分に真理である」[†1]（54頁）——最晩年の著作『白鳥の歌』（Schwanengesang, 1826年）の中でペスタロッチはこう述べ、家庭生活における直観教授の可能性を示唆している。しかしペスタロッチがもっとも強調しようとしたのは、家庭生活が子どもに及ぼす道徳教育的かつ人間形成的な効果であった。「道徳的の点からみれば、基礎陶冶の理念は、その全部の陶冶手段を、人類のうちに一般に宿り、もともと本能的に活気づけられている両親の父心・母心、ならびに家庭生活の領域内で同様に一般に活気づけられている兄弟心・姉妹心から生じてこさせるようにすることによって、子供の生活に結びつくようにしようとする。天から与えられ、あらゆる真の道徳性と宗教心との永遠純粋の出発点として認められねばならない愛と信仰とは、家庭関係における父心、母心のうちに、したがって子供の実際の生活のうちに、その合自然的な発展と陶冶との起点が求められなければならないことは、議論の余地のないところである。」[†1]（40-41頁）

　子どもは家庭生活の中でこそ人間的な成長を遂げることができる——この洞察は、親や家を失った多くの孤児に寄り添い続けてきたペスタロッチだからこそ辿り着くことができた真理である。『白鳥の歌』を発表した翌1827年、ペスタロッチは82年の生涯に幕を下ろした。

（7）　墓碑銘が伝えるもの

　1846年、ペスタロッチ生誕100年を記念してチューリヒ郊外に新たな墓碑が
建てられた。そこには、彼の偉業を称える次のような墓碑銘が刻まれている。

ハインリヒ・ペスタロッチ

1746年１月12日、チューリヒに生まれ

1827年２月17日、ブルックに死す

ノイホーフにおいては貧民の救済者

リーンハルトとゲルトルートにおいては民衆の説教者

シュタンツにおいては孤児の父

ブルクドルフとミュンヒェンブッフゼーにおいては

新たな民衆学校の創設者

イヴェルドンにおいては人類の教育者

人間、キリスト者、市民

すべては他が為にし、己が為には何ものをも

彼の名に祝福あれ！

　時間も労力もお金も含めた人生のす
べてを世の中の子どもたちとその教育
に捧げたペスタロッチの献身的姿勢は、
「すべては他(た)が為にし、己(おの)が為には何
ものをも（Alles für Andere, für sich
Nichts）」という墓碑の最後部に刻ま
れた一文に象徴されている。

　ペスタロッチの教育思想はすべて彼
自身が携わった実践から紡ぎとられた

★図5-1-5　ペスタロッチの墓

理論であり、その理論は必ずまた実践へと還元されていった。その意味では彼
自身が理論と実践の融合体であった。ペスタロッチの場合、著作や概念だけで
はなく、数々の教育実践、さらに子どもたちに寄り添う姿勢や教育的愛情も含
めた生き方のすべてがその教育思想であると言ってもよいだろう。だからこそ、

ペスタロッチは後世に多大なる影響を与え、今日なお教育界のカリスマ的存在であり続けているのである。

引用文献：

†1　ペスタロッチー著／長田 新・他訳　『ペスタロッチー全集第12巻』　平凡社　1959年。

†2　ペスタロッチー著／長田新・他訳　『ペスタロッチー全集第5巻』　平凡社　1959年。

†3　ペスタロッチー著／長田新・他訳　『ペスタロッチー全集第8巻』　平凡社　1960年。

†4　ペスタロッチー著／長田新訳　『隠者の夕暮・シュタンツだより』　岩波文庫　2006年。

参考文献：

①ペスタロッチー著／長田新・他訳　『ペスタロッチー全集第1巻』　平凡社　1959年。

②小笠原道雄 他　『教育学概論』　福村出版　2008年。

図表・出典：

★図5-1-1、5-1-2　J.Reinhart 1926, *Heinrich Pestalozzi* ,Basel.

★図5-1-3　Horst Schiffier u. Rolf Winkeler 1985, *Tausend Jahre Schule,* Belser Verlag.

★図5-1-4　文部省　1951　小学校学習指導要領　社会科編（試案）昭和26年度版表紙

★図5-1-5　Post karte「ペスタロッチの墓」スイスの郵便カードより

2）ヘルバルトの体系的教育学

　教師が教育の専門家であり、児童生徒を知的にも道徳的にも成長させるべきであるとするならば、教師教育はどうあるべきか。近代教育思想が次々と生まれていく中で、合理的な教員養成システムを整備すべく体系的な教育学の構築を目指した人物が、ドイツの教育学者ヘルバルト（Johann Friedrich Herbart, 1776-1841）である。

(1)　ペスタロッチとの出会い

　ヨハン・フリードリヒ・ヘルバルトは法律家の息子として1776年ドイツのオルデンブルクに生まれた。ギムナジウム時代に出会ったカント哲学の影響は大きく、国民の道徳的品性を陶冶することこそが国家の安泰を約束するというヘルバルトの基本的理念の基盤はこのとき形成されたとされるが、教育学者としての彼にとって決定的転機となったのはペスタロッチとの出会いであった。

★図5-2-1　ヘルバルト

　イエナ大学卒業後に家庭教師をつとめていたヘルバルトが、ブルクドルフのペスタロッチのもとを訪れたのは1799年のことであった。ペスタロッチの教育実践を目の当たりにするとともに、彼の人間性と教育的情熱に深い感銘を受けたヘルバルトは1802年、『ペスタロッチの近著「ゲルトルートはいかにしてその子を教えるか」について』と『ペスタロッチの直観のABCの理念』を相次いで発表し、ペスタロッチ教育思想の魅力や意義を世の中に訴えようとした。

　しかし、ヘルバルトはここである課題に直面することになる。それは、ペスタロッチ以外の誰かが、彼の教授法を用いた場合に果たして同じ効果を得ることができるかという疑問である。こうして彼は、主観的・個人的な要素が含まれた教育思想や教育論を客観的・科学的に吟味することの必要性を実感する。この卓越した教育実践や方法論をペスタロッチ個人のものとするのではなく、世間一般の教師たちと共有するために、ヘルバルトは体系的教育学の構築を目指したのである。

（2）　体系的教育学の構築

　"教育の目的を倫理学に、教育の方法を心理学に求め、体系的教育学の構築に貢献した人物"——おそらく教育学系事典におけるヘルバルトの定番の紹介コメントはこのようなものであろう。1806年に公刊された著作『教育の目的から演繹された一般教育学』（Allgemeine Pädagogik aus dem Zweck der Erziehung abgeleitet）はその最初の成果である。

　『一般教育学』と通称される同書には次のような言葉がある。「教育者の指針となるべきもの、それが教育者の手元に、あたかもひとつの地図のように、あらかじめなくてはならない。」[1]（31頁）——ヘルバルトが構築しようとした教育学というのは、道徳的品性の陶冶という教育の目的地を目指す際に役立つ教育者のための「地図」のようなものだった。見方を変えれば、ヘルバルト以前の教師たちは、教育学という「地図」を持たず、いわば行き当たりばったりで教育を行っていたわけである。また、タイトルにある「一般」という言葉にヘルバルトの意図を読み取ることもできよう。すなわち彼は、ペスタロッチのようなカリスマ性を持たない一般的な教師が用いても成功する普遍的教授法を世の中にいるすべての教師に伝えようとしたのである。

　ヘルバルトは1809年にケーニヒスベルク大学教授となり、カントの後任として教育学の講義を担当することになる。さらに1814年には同大学に教育学ゼミナールを開設し、教授法等の研究を進めながら教員養成にも携わった。個人的な経験に基づいて主観的に語られがちな教師の仕事を、科学的な検証を踏まえ可能な限り客観的に記述すること——これこそがヘルバルトの目指した教育学であり、それはまた教員養成のためのテキスト、すなわち次代を担う未来の教師たちへの贈り物でもあった。

（3）　教師の仕事を科学する－管理・教授・訓練－

　ヘルバルトは教師の仕事として管理・教授・訓練という３つの作用を挙げ、これらがバランスよく機能してはじめて理想の教育は実現されうると考えた。

　管理（Regierung）とは、子どもの衝動や欲望を制御しつつ校内や教室内に秩序をもたらすことである。教授（Unterricht）とは、教材を用いて子どもの認識能力を向上させることであり、教科指導を中心とした授業を指している。

　また訓練（Zucht）は、教材を用いず教師が直接子どもに働きかけることによって道徳的な成長を促す行為であって、現在の学校教育に当てはめれば、生徒指導や進路相談から部活動の指導にまで及ぶ課外指導がちょうどこれに該当すると言えよう。

　学園ドラマの構図で整理するなら、主人公の熱血教師は訓練、同僚教師たちは教授、そして主人公と対立する意地悪い校長や教頭が管理といったところであろうか。藤沢とおるの人気漫画「GTO」で説明するなら、主人公の鬼塚英吉は生徒の道徳的成長を促し【訓練】、ライバル教師の勅使河原優は受験合格率アップのための授業に心血を注ぎ【教授】、教頭の内山田ひろしは個々の生徒に対する教育的ケアよりも校内秩序の維持を重視する【管理】という構図である。

　注意しなければならないのは、3つの作用のうち教育行為と認められているのは教授と訓練だけであって、管理は厳密な意味において教育行為には含まれていないという点である。学園ドラマを視聴する中で、私たちが自然と主人公の教師に共感し、管理職のやり方に腹を立てるのは、そこに教育／非教育の相違があるからかもしれない。

　ただ、今日の学級崩壊の例を出すまでもなく、教室内の秩序づくりは効果的な教育を行うためには欠かせない重要な仕事でもある。ヘルバルトは教師の仕事をこのように総合的かつ科学的に捉え、どのようにすれば効率的な教育が実現できるのかという問いに向き合ったのである。

(4)　教育的教授

　理想の教育を行うためには管理・教授・訓練のすべてが不可欠であるが、ちょうどペスタロッチが直観の ABC に基づく教授法（メトーデ）の開発に傾注したように、ヘルバルト教育学においてもその中心に据えられたのは「教授」であった。『一般教育学』の中で彼は次のように語る。

　「教育学は教育者自身のために必要な科学である。けれども教育者は伝達するための専門の科学もまた当然もっていなくてはならない。だから私はさっそく「教授なき教育」（Erziehung ohne Unterricht）というようなことは、とうてい考えられえないことをここに告白する。また逆に、少くともこの書においては「教育しない教授」（Unterricht, der nicht erzieht）も同様に認められな

いだろう。」[†1]（31-32頁）──「教育的教授」（erziehender Unterricht）という言葉が象徴するように、教育と教授は表裏一体の関係にあり、なかでも「教授」の効果的な方法を開発することが、ヘルバルト教育学最大の課題だったのである。

（5）教授段階説

　その代表的成果がいわゆる教授段階説である。ヘルバルトは①明瞭→②連合→③系統→④方法というキーワードを用いて子どもの認識プロセスを把握し、教師による教授活動は段階的に行われるべきであると主張した。

　①明瞭とは、子どもが授業のテーマをはっきりと認識する段階であり、②連合とは、そのテーマと関連するものを連想する段階である。この明瞭と連合はあわせて専心（テーマに集中すること）と呼ばれる。③系統とは、授業のテーマが既習の内容と関連を持っているのかを考える段階である。連合がヨコのつながりだとすれば、系統はタテのつながりというイメージである。また、④方法とは、今回習得した内容を自らの方法論として応用することが可能な段階である。系統と方法はあわせて致思（じっくり熟考すること）と呼ばれる。

　教授のメカニズムを段階的に示した点は紛れもなくヘルバルトの功績である。しかし、ヘルバルトの４段階教授法は全体として難解であることに加え、教師がどのような活動を行えばよいのかについての具体的な示唆が乏しい点、また系統から方法へのステップがやや飛躍している点など、難点や弱点があったことも事実である。教授段階説のこうした難点や弱点を解消していったのが、いわゆるヘルバルト学派と呼ばれる後継の教育学者たちであった。なかでもライン（Wilhelm Rein, 1847-1929）が提唱した①予備→②提示→③比較→④総括→⑤応用という5段階教授法は有名である。

　二等辺三角形の授業を例に5段階教授法を説明してみよう。①教師はまず二等辺三角形の学習に入る前に、学習済みである三角形の概念をあらかじめ想起させる【予備】。②そのうえで今回の学習内容である二等辺三角形を子どもに見せる【提示】。③そして、いま提示されたばかりの二等辺三角形と既習の三角形とを子どもたちに比べさせ、両者の共通点や相違点を確認していく【比較】。④向かい合う二辺の長さや二角の大きさが等しいという特徴を整理していきな

がら、改めて二等辺三角形概念の性質や意味をまとめ【総括】、⑤最後に二等辺三角形の作図や求積などの課題を子どもたちにさせる【応用】。これが5段階教授法である。

　単刀直入な概念の説明に比べれば、段階を踏んで授業を進めるこの教授法はたしかに一定の時間と労力を必要とする。しかし、ヘルバルトらの提唱した教授段階説は、設定された教育目標に確実かつ効率的に到達しうるという意味においてきわめて合理的な教育方法であると評価され、効果的な教授法を求める世界中の教師から支持されることになる。近代ヨーロッパの教育思想はヘルバルト教育学の登場によって成熟期を迎えたのである。

引用文献：

†1　ヘルバルト著／是常正美訳　『一般教育学』　玉川大学出版部　1978年。

参考文献：

① 　金子茂 他　『現代に生きる教育思想第4巻－ドイツ（1）』　ぎょうせい　1981年。

② 　小笠原道雄 他　『教育学概論』　福村出版　2008年。

図表・出典：

★図5-2-1　G.A.Hennig 1877, *Johann Friedrich Herbart, Nach seinem Leben und seiner Pädagogischen Bedeutung*, Leipzig.

3）フレーベルと幼稚園

（1）　フレーベルの生涯とその時代

ア）フレーベルの生涯

　フレーベル（Friedrich Wilhelm August Fröbel、1782-1852）は、1782年4月21日に中部ドイツのオーベルヴァイスバッハで、牧師の末子として誕生した。フレーベルの生後9か月のとき母親が病死し、父親はフレーベルが4歳の時に再婚した。母親の死後、フレーベルは母の愛というものへの強い憧れと熱望をもっていたため、新しい母親の存在はフレーベルにとって大きな期待となって

いた。当初はフレーベルへの愛情もみられたが、継母に子どもが誕生するとフレーベルに対する態度が変わっていき、その後、継母との関係は決別することになる。フレーベルにとって、こうした幼少期の経験が彼の女性像や母親像に大きな影響を与えている。

★図5-3-1　フレーベル

　フレーベルが10歳のころ、伯父ホフマンの家に引き取られ、それまでの孤独な生活から平和で温かな家庭生活を送ることができた。しかし、14歳になると成人となるための堅信礼を受け、これによって伯父の家を出ることとなる。フレーベルは林務官のもとに弟子入りし、徒弟期間を終えるとイエナ大学に入学した。植物学や数学などを独学で学んでいたフレーベルは、大学で自然科学の講義を受講したが、3年生の頃には経済的理由によってやむを得ず大学を辞めることになった。

　その後、職を転々とする中で伯父の遺産を受け取ったフレーベルは、1805年フランクフルトへ行き、そこで模範学校の校長グルーナーと出会い、模範学校の教師となる。そして、この年の8月ペスタロッチーのイヴェルドン学園を訪問し、2週間ほど滞在する。ペスタロッチーとの出会いは、教育者フレーベルにとって大きな影響となった。模範学校の教師を辞職し、1806年にホルツハウゼン家の家庭教師を始めたフレーベルは、子どもたちと共に再びペスタロッチーのもとを訪問し、2年間ほどを過ごしたのである。

　1811年、家庭教師を辞めたフレーベルはゲッティンゲン大学に入学し、その後、研究のためにベルリン大学に移る。この頃のフレーベルは、言語研究や地質学、鉱物学の研究に没頭していたが、ドイツ祖国のため義勇軍に参加することになる。1814年、除隊後ベルリンに帰還すると、ベルリン大学鉱物学研究所の助手になった。フレーベルの興味と関心は、この時期から人間教育に向かったともいわれるが、兄の死後、兄が残した3人の子どもを引き取り、最初の教育事業を手掛けていくことになる。それが1816年、グルースハイムに開設した「一般ドイツ教育所」（Die Allgemeine Deutsche Erziehungsanstalt）である。

　2人の兄の子ども5人を生徒として始めたこの教育所は、翌年にはカイルハウに移され、「カイルハウ学園」として発展し、14年間教育活動を続けていく。

　この間、フレーベルはその主著となる『人間の教育』（Die Menschen-erziehung）を1826年に刊行する。この書の中で論じられているものこそフレーベルの教育思想全体を明らかにしたものであり、フレーベルの教育思想を理解しようとするときもっとも重要なものといえる。

　その後は、スイスにヴァルテンゼー学園（1831～1833年）を開設したり、1835年にはブルクドルフの孤児院の運営を任されたりと教育活動を続けていき、1837年にバート・ブランケンブルクに幼稚園（Kindergarten）の前身となる施設を開設し、1840年に世界で最初の幼稚園を創設した。フレーベルは幼稚園の普及に努め、1844年には自らの集大成と位置づける遊戯唱歌絵本『母の歌と愛撫の歌』（Mutter—und Koselieder）を刊行した。そうした中、1851年8月にプロイセン政府は幼稚園禁止令を布告する。幼稚園が社会主義的で無神論的であるという理由であったが、フレーベルの甥と間違えられたともいわれている。フレーベルは支援者たちと幼稚園禁止令の撤廃を求めたが、失意のまま1852年6月21日、70歳でこの世を去った。幼稚園禁止令が撤廃されたのは1860年であった。

　イ）フレーベルの時代

　フレーベルの時代、ナポレオンのプロイセン占領による解放戦争にともなう幾多の戦乱を経験する中で、国民は次第に統一されたドイツ国家を求めるようになっていた。しかし、1814年から1815年にかけて開かれたウィーン会議でその夢は砕かれ、国民や知識人、特に教授や学生たちの間に大きな不満が生じることになった。学生たちは自由と祖国の統一を求めて運動を起こすようになると、それらを弾圧する政策が取られるようになり、自由主義運動は根絶されたのである。こうしたドイツの状況を目にしたフレーベルには、人間を真の人間たらしめる教育を求め、その理想の実現に向かっていったのである。

　フレーベル以前の幼児教育に目を向けてみると、幼児期の教育は家庭でなされるべきであり、幼児期には教育ではなく養育（保護）が必要であるという認識であった。そもそも幼児期には「教育」は必要ではなく、子どもを保護し、

養育することが重要であり、それは家庭においてなされるものと考えられたのである。オウエン（Robert Owen、1771 - 1858）やオーベルリン（Jean-Frédéric Oberlin、1740 - 1826）による教育施設は、労働者や下層の家庭の子どもを対象とする保護施設であり、上流階層の家庭においては乳母や子守が子どもの世話をするというのが実態であったのである。

　こうした社会において、フレーベルは家庭以外の幼児のための教育施設の必要性を認識し、幼稚園を創設することになる。

（2）　幼稚園の理念と幼稚園教育の原理

ア）幼稚園の構想

　フレーベルの幼稚園は、1840年6月28日「一般ドイツ幼稚園」（Der Allgemeine Deutsche Kindergarten）として創設された。フレーベルは、幼稚園の理念を「家庭および社会全体にそのため（幼児教育）に必要な援助の手をさしのべること」[1]（119頁）と述べる。つまり、幼稚園とは単に子どもを預かり、教育をするための施設ではなく、最終的には幼児教育に必要な家庭教育の質を高め、幼児教育の重要性を認識し、その教育を可能とする社会にするための施設であったのである。

　フレーベルの幼稚園は、1837年3月に開設した「幼児と青少年の作業衝動を育むための施設」、1839年6月に開設した「幼児教育者の養成施設」とその実習施設である「遊びと作業の施設」を統合する形で創設された。そのため、フレーベルの幼稚園は、以下のような機能をもつものであった。

幼児保育のための模範施設

　フレーベルは、幼稚園を「子どもたちの生命を全面的にわたって保育するための施設」[1]（105頁）とする。ただ、子どもが保育されればよいというものではなく、「幼児期の保育を自然において、ならびに人類の歴史および啓示においてあらわれている永遠の諸法則にしたがって基礎づけるとともに、純粋な思考の諸要求にしたがって基礎づけること」[1]（106頁）によってもたらされる真の保育がなされる施設となることが目指された。そして、幼稚園におけるこうした保育は、家庭や託児所、社会における幼児のための施設の模範となるもの

であったのである。

幼児指導者のための実習施設

　幼稚園における真の保育のためには、指導者、教育者の養成が必要である。植物が庭で園丁の注意深い世話のもとで育っていくように、遊びの中で育っていく幼児期の最初の保育および教育のための幼児指導者、幼児教育者を養成すること、そして幼稚園だけでなく、家庭や託児所、社会における幼児のための施設に提供することが幼稚園の目的とされたのである。

Gabe（恩物）の製作と普及

　フレーベルが幼児の創造的な自己活動を育むことを目的として、幼児が自ら創造的に活動することができる教育遊具として考案したのが、Gabe（恩物）である。子どもの活動性や創造性を導き出し、伸ばしていくことが教育の目的であり、Gabe（恩物）はそのための最高の教育遊具とされたのである。

　フレーベルは Gabe（恩物）を普及するため、各地で講演や実演を行うとともに、1837年から1840年に開設した施設の教育を広めるために発行していた週刊誌である『日曜紙』を通して、Gabe（恩物）を紹介していた。幼稚園は、こうした活動の拠点であったのである。

　イ）幼稚園教育の原理

受動的・追随的教育

　フレーベルは、教育は「必ず受動的、追随的であることを本来の根本的特徴とすべく、（ただし注意と保護を加える必要はあるが）、決して命令的、規定的、干渉的であってはならない」[†2]（16頁）と述べる。大人が子どもを蝋や粘土のかたまりのように自分たちの思うままに自由に扱うことは、子どもの発達を妨げる行為であり、「能動的、命令的、規定的、また干渉的な教育法はすべて、必ず破壊的であり、圧制的であり、妨害的である」[†2]（18頁）という。

　教育おいては、私たちが植物や動物に対して行うのと同じで、子どもの自然の発達をうながすために必要な場所と時間を与えることなのである。

子どもの庭（garten）の意味

　Kindergarten とは、ドイツ語で Kinder＝子ども、garten＝庭という意味である。フレーベルの施設は最初から幼稚園という名が付けられていたわけではない。フレーベルは自身の教育理念をよくあらわし、子どものための施設としてふさわしい名前を求めていたとき、散歩の途中でその名を思いついたといわれている。丘の上からフレーベルの眼前に広がる景色は、草木が葉や枝を広げその一本一本が伸び伸びと成長しつつも、全体として調和のとれた美しい庭のようであったという。この景色をみたフレーベルは、子どものための施設はこのように園丁によって世話をされ、一人ひとりが伸び伸びと発達しつつも、全体として調和のとれた子どものための庭でなければならないという思いから、Kindergarten＝子どもの庭と名付けたのである。

★図5-3-2　子どもの庭

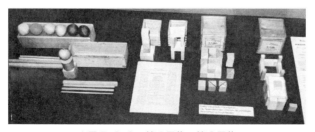

★図5-3-3　第1恩物〜第6恩物

　また、幼稚園において garten＝庭はもう一つの意味をもつものでもあった。幼稚園では、子ども一人ひとりに自分の庭が与えられた。庭での栽培活動も幼稚園における重要な教育活動とされたのである。

遊びの重視

　フレーベルは、幼児期にとって遊びは「自己の内面を自ら自由に表現したもの、自己の内面的本質の必要と要求とに応じて内面を外に現した」[2]（59頁）ものであり、幼児の発達の最高の段階、最も純粋な精神の所産であると考えた。ゆえに、幼稚園教育においてはすべてが遊びを通して行われ、子どもは遊びを通して将来の社会生活を営むうえで必要な創造性や共同性など、あらゆる発達の萌芽が養われていくのである。

　こうした遊びを保障する教育遊具として考案されたのが Gabe（恩物）である。Gabe（恩物）は20種類あり、すべて幾何学的な形でできている。第1恩物の球は、フレーベルにとって最も基本的ですべてのものの始まりであり、最後の形である。第2恩物の球、立方体、円柱の3つは基本的な形とされ、フレーベルの墓碑もこれら3つを積み重ねた形になっている。第3恩物以降は、「生活の形式」「美の形式」「認識の形式」という3つの遊びの手段が想定されている。「生活の形式」は身のまわりのものに見立てて遊ぶ、「美の形式」は美しい模様をつくりながら調和や均整の美を知る遊び、「認識の形式」は名称の概念、数、形、量などを知り、並べる、積むなどの作業を通して考えることを楽しむ遊びである。

　Gabe（恩物）を使った遊び以外にも、幼稚園では運動遊戯や表現遊戯、歩行遊戯、歌やお話、庭での栽培活動など屋内外の遊びが行われていた。フレーベルが幼児期に必要な教育として考えたのは、少年期や青年期のような教育ではなく、合目的的な遊びの手段を通じて子どもたちの活動衝動を目覚まし育てる幼児期特有の教育であったのである。

母性の重視

　フレーベルの幼児教育思想の特徴の一つに、母性の重視が挙げられる。母性主義者ともよばれるフレーベルであるが、母性と父性がもつ教育的役割からそれぞれを区別し、幼児期の教育に母性を求めたのである。幼児教育者として、

★図5-3-4　『母の歌と愛撫の歌』表表紙と裏表紙

幼稚園教師として女性を位置づけた理由もここにあるといえる。フレーベルは、幼児期の教育を「神が女性たちの心と心情に、すなわち真の女性の心に委ねた」[†1]（100頁）とするように、それは神から与えられた使命なのである。

　母性とは愛情でもって子どもを包み込むものであり、女性や母親に象徴的にみられる性質である。したがって、フレーベルは愛情で温かく包み込む母性が幼児期の教育にはふさわしいと考えたのである。

集団生活に必要な協同性の育成

　幼稚園は、子どもたちにとって集団生活の場である。個々の子どもの発達を保障しつつ、集団の発達も保障することが求められる。フレーベルはこれを「部分的全体」（Gliedganzes）という思想で解決する。

　「部分的全体」とは、「自ら全体であると同時に、全体の一部」[†3]（466頁）であることを意味する。一人の人間として個々は様々な部分の集合体として存在しており、この意味において一人ひとりの人間は部分的全体といえる。そうした存在である一人ひとりの人間を集団や社会を構成する一員としてみたとき、一人ひとりの人間は集団や社会という全体の部分となるという。よって、フレーベルのいう「部分的全体」とは、一人ひとりの人間は様々な体の部位とその発達から成る集合体として一つの全体であり、それと同時に、集団や社会を構

成する一員としては部分となる。

　こうした「部分的全体」の思想にもとづくと、個々の子どもは一人の人間として全体であるが、同時に集団の一員としての部分として存在することになる。幼稚園での生活や遊びを通して、フレーベルは子どもたちが「部分的全体」としての自己と他者を認識することで、協同性を育てることを目指したのである。そして、「部分的全体」の認識はのちの市民性にもつながるものであった。

　ウ）フレーベルの幼児観

　『人間の教育』の冒頭でフレーベルは、「万物の中には、一つの永久不滅の法則が存在し、これが万物を生かし、しかもこれを支配している。…万物を支配するこの根底には、…永久に存在する統一者が必然的に存在する。…統一者とはすなわち『神』である」[+2]（11頁）と述べる。そして、神は万物の中に存在し、万物を支配しており、「万物は神のうちに、また神によって存在し、神によって生命を与えられ、またそこにその本質を保持しているのである。このように万物のうちに働いている神性こそ、すべての事物の本質である」[+2]（12頁）という万有在神論の立場に立つフレーベルの人間観をとらえることができる。

　神の本質とは活動性、創造性であり、フレーベルによれば人間における神性は子どもの中により強くみることができるという。フレーベルは、幼児期において神性を導き出し、伸ばしていくことが重要であるとしたのである。

　幼児期は人間教育の出発点であり、人間の発達のあらゆる萌芽の時期である。遊びを通して幼児がもつ活動性、創造性を十分に伸ばすことが幼児期の教育そのものなのである。

（3）　フレーベルの幼児教育論の今日的意義

　フレーベルの幼稚園が今日の幼稚園に与えた影響は言うまでもない。今日においても、幼児教育の基本が遊びを中心とする生活に置かれていることがそのあらわれの一つと言えるだろう。そして、もう一つ忘れてはならないことがある。それが幼稚園のスローガンであり、フレーベルの墓碑に記されている言葉「さあ、われわれの子どもらに生きようではないか」（Kommnt, laßt uns unsern Kindern leben!）である。

この言葉に込められたフレーベルの思いには、社会において大人と子どもとが共に生きることの意味と必要性をみることができる。人間がもつ神性は、子どものころには強くみられるが、大人になるにつれ失われていくという。フレーベルにおいて人間としての完成は、神性を取り戻したときに可能となる。「父たる人々よ、両親たる人々よ、私達は子ども達によって自分の欠陥を補うべきである。私たちはすでに児童生活の生きた創造的な力を失っているから、これを再び子ども達から私達の生命のなかへ取り込まなければならない。私達は子ども達に学ぶべ

Fröbels Grabmal in Schweina

★図5-3-5　フレーベルの墓碑

きである。…私達はそのとき初めて賢明となり、物事につけて賢明な態度をとるようになるであろう」[2]（98頁）という呼びかけにもあらわれているように、一度失った神性を大人たちが取り戻すためには、神性をもった子どもと関わり、生きることが必要となる。

　子どもの世界にふれ、子どもと共に生きることの中で大人たちは神性を取り戻し、人間としての発達を遂げるのである。つまり、大人は子どもたちを教育する中で、自らも人間として発達し、一人の人間として完成していくのである。いわば、大人は子どもたちと共に生き、生かされているのであり、社会にとって、大人にとって子どもがなくてはならない存在であることを訴えているのである。

引用文献：

†1　フレーベル著　小原國芳・荘司雅子監修　『フレーベル全集第5巻』　玉川大学出版部　1994年。

†2　フレーベル著　小原國芳・荘司雅子監修　『フレーベル全集第2巻』　玉川大学出版部　1997年。

†3　フレーベル著　小原國芳・荘司雅子監修　『フレーベル全集第4巻』　玉

川大学出版部　1991年。

参考文献：

① 　荘司雅子　『フレーベル（西洋教育史＜第7＞）』　牧書店　1957年。

② 　荘司雅子　『フレーベル「人間教育」入門』　明治図書　1973年。

③ 　H.ハイラント著、小笠原道雄・藤川信夫訳『フレーベル入門』　玉川大学
出版部　1991年。

④ 　小笠原道雄　『フレーベルとその時代』　玉川大学出版部　1994年。

図表・出典：

★図5-3-1、5-3-2、5-3-5　Helmut Heiland 1982, *Friedrich Fröbel in Selbstz eugnissen and Bilddokumenten,* Rowohlt Verlag.

★図5-3-3　筆者撮影

★図5-3-4　小原國芳・荘司雅子監修　『フレーベル全集第5巻』　玉川大学
出版部　1994年。

第6章　20世紀の教育と新教育運動（子ども中心主義教育）

１）新教育の特徴とその象徴としての『児童の世紀』

（1）　新教育の特徴

　新教育とは、概ね19世紀末から20世紀前半にかけて（時期は国によって異なる）、教育改革および広く社会改革を目指して世界各地で展開された、進歩的な教育実践を指す。その中でも本書が対象としているヨーロッパおよびアメリカは、新教育が最も盛んな地域であったといえるが、新教育の実践は日本においても広範に見られた。とりわけ大正時代がその中心であったことから、日本の新教育は一般に「大正新教育」と称される。

　新教育が展開された背景として、とりわけ先進諸国において、原則としてすべての国民が就学することを想定した国民教育制度が確立されるに至ったことが第一に挙げられる。国民教育制度は、教育の普及という点では大きな功績を果たすものであったといえるが、一方で国民教育制度のもとでは、国家や社会にとって有用な人材を効率よく育成することが学校の第一の課題とされた。その結果、学校では、一斉教授による知識の一方的な詰め込みや、権威的な教師による画一的な管理がなされるようになり、子どもの自由や主体性ならびに興味・関心は後回しにされたのである。新教育は、こうした「旧教育」の改革をめざしたものであった。

　世界各地でさまざまな人々によって実施されたため、新教育の実践は多種多様であるが、その一方で新教育にはある程度共通する特徴を見出すこともできる。そこで、明確に分けられるものではないが、以下において新教育の特徴として挙げられるものを７点に亘って整理したい。なお、具体的な人物名や実践の名称については本節の次項以降に委ねるものとし、本項では固有名については言及しないものとする。

　１点目は、教師や親ならびに国家や社会など子ども以外のものではなく、文字通り子どもを教育の中心に据える「子ども中心主義」（「児童中心主義」とも称される）の立場に立つべきであると考え、子どもの自由や主体性ならびに興

味・関心を重視した教育を展開したことである。

　2点目は、教育の目的は調和的・全面的な発達に基づいた人間形成にあると考え、知的教育に偏ることなく、身体教育、作業教育（木工などの手仕事の教育）、道徳教育、芸術教育、情操教育などさまざまな教育が幅広く展開されたことである。

　3点目は、教育内容が子どもの生活から遊離している現状に対し、子どもの生活に根差した教育が行われるべきであると考え、子どもの生活は教科によって区分されるものではないという立場から教科同士の統合を図った教育や、日々の出来事を作文するなど子どもの現実の生活から出発する教育が展開されたことである。

　4点目は、教科書や書物を通して教師から受動的に学ぶのではなく、子どもたち自身の活動や体験を通して能動的に学ぶべきであると考え、学校外のさまざまな場所も子どもの重要な学びの場として設定されたことである。

　5点目は、子どもたちを一纏まりの集団として教育するのではなく、個々の子どもの適性等に応じて教育すべきと考え、子どもがそれぞれのペースで学習を進めることのできる個別学習などが重視されたことである。

　6点目は、教師と子どもたちによって形成される空間自体が教育力を有すると考え、和気藹々として、家庭にいるかのような温かい雰囲気をもつ教室づくりや学校づくりがなされたことである。

　7点目は、子どもや保護者も学校運営に参加し、教師と共に学校をつくっていくべきであると考え、教師と子どもたちによる学校運営に関する話し合いの場や、学校運営について協議する権限をもった保護者の協議会などが設けられたことである。

　以上、新教育の特徴について取り上げてきた。今から見て遥か昔の教育ではあるが、決して色あせたものではないどころか、いずれも今日の教育の指針となりうるものであるといえる。必然的に重複してしまうことにもなるが、これらの特徴については、第7章や第8章も含め、以降の具体的な教育実践の中で改めて検討したい。

（２）　エレン・ケイと『児童の世紀』の概観

　前節で新教育の特徴として７点示したが、その
中で最も根幹となるのが、最初に挙げた子ども中
心主義の考え方である。新教育が展開された時代
に子ども中心主義を提唱した代表的な人物とし
て、スウェーデンの教育者・思想家であり、女
性運動家としても知られるエレン・ケイ（Ellen
Karolina Sofia Key, 1849-1926）を挙げることが
できる。以下、子ども中心主義を特に掘り下げる
べく、ケイの教育思想について概観したい。

★図6-1-1　エレン・ケイ

　ケイの教育史上の最大の功績は、1900年に『児
童の世紀』を発表したことである（他の文では「子
ども」と表記しているため、『子どもの世紀』の
方が文脈に即しているが、『児童の世紀』という表記の方が一般的であるため、
それに従うものとする）。1900年とは19世紀最後の年に当たるが、ケイは『児
童の世紀』を通して、来るべき20世紀が「児童のための世紀」となることを願い、
特にスウェーデンの母親たちに向けて、女性、子ども、教育をめぐる問題につ
いての改革を提案した。『児童の世紀』の題辞には「新しい世紀に新しい人間
を創ろうと願うすべての親に捧げる」と書かれている。

　『児童の世紀』は、母国スウェーデンでは当初はそれほど受け入れられなか
ったものの、隣国のドイツにおいて大きな影響を与えた。そしてドイツ語訳
を皮切りに他の言語でも翻訳され、『児童の世紀』という印象的なタイトルも
相俟って世界に広がっていった。日本でも原著の出版から６年後の1906（明治
39）年に、ドイツ語学者で学習院の教授などを務めた大村仁太郎（1863-1907）
によって、『二十世紀は児童の世紀』という題目で、ドイツ語版の翻訳が出版
されている。また、大正新教育が広がりを見せていた、10年後の1916（大正
5）年には、教育学者で早稲田大学教授など務めた原田実（1890-1975）によっ
て、英語版の翻訳が出版された。スウェーデン語の原著の翻訳が日本で刊行さ
れたのは、それから63年後の1979年のことであり、翻訳者はともに翻訳家とし
て活躍した、小野寺信（1897-1987）と小野寺百合子（1906-1998）の夫妻である。

なお夫の小野寺信は、戦前は陸軍の軍人であり、スウェーデン公使館附武官を務めていたことから、スウェーデンとの関わりをもつようになった。本節ではこのスウェーデン語の原著の訳を主に参照する。

（3）『児童の世紀』におけるエレン・ケイの教育思想

　『児童の世紀』全体のハイライトは、書名にもなっているように、「20世紀は児童の世紀となる」という主張である。ケイは、「児童の世紀」を、子どもと大人の関係の文脈の中で考えており、2つの意味合いを「児童の世紀」に込めている。1つは「大人が子どもの心を理解すること」[†1]（202頁）であり、もう1つは「子どもの心の純粋性が大人によって維持されること」[†1]（202頁）である。これまで十分に達成されてきたとはいえない、このような進歩的な子どもと大人の関係を構築することによって、古い社会が刷新され、「児童の世紀」としての新しい20世紀の社会が始まると考えたのである。こうした来るべき20世紀を「児童の世紀」にしたいという願いは、新教育を担った人々の精神を代弁するものであったといえる。加えて、子どもと大人の関係をめぐるケイの認識で興味深いのは、彼女が広く世代間の文脈で大人と子どもの関係を捉え、大人が自由な存在でいられるのは次代を担う子孫（子ども）の存在があるからと考えていることである。こうした考えが、子どもと大人の関係をめぐる彼女の進歩的な認識につながっているといえよう。

　『児童の世紀』の中で示されたケイの教育観として特に注目されるのは、教育とは、子どもの合自然的な内的発達を助長するために環境を整えることであると捉え、教育目標に、「子どもが他人の権利の境界を越えない限り自由に行動できる世界をつくる」[†1]（142頁）ことを掲げていることである。こうした教育観には、子ども中心主義が明確に反映されているといえる。またケイは、ルソー（第4章第1節参照）の影響を特に強く受けているが、「教育の最大の秘訣は教育をしないところに隠れている」[†1]（142頁）というルソーを想起させる逆説的な教育の捉え方も、ケイの教育観をよく表したものである。

　このような教育観をもつケイは、教育の現状について、型通りの子どもをつくるために常に子どもには妨害、干渉、矯正がつきまとっており、子どものもつ好みや望みは無視されているとして強く問題視している。そして同様の認識

のもと、鋭い批判が幼稚園に向けられている。すなわち、幼少期から子どもたちが集団で取り扱われ、集団で行動させられ、計画通りの教育がなされることから、幼稚園を、子どもを型にはめる工場にすぎないとケイは捉えているのである（ただし第５章第３節でみたように、フレーベルが開設した元々の幼稚園は、本来はこうした「工場」とは真逆であったのであるが）。そして、個々の子どもたちの違いは無視される形で、恰も工場の製品のごとく、まとめて小学校へ運ばれるとされる。

　そして小学校以降の教育についても厳しい眼差しが向けられる。特に興味深いのは、子どもたちの適性や興味・関心を考慮することなく画一的教育がなされ、さらには教科書や概説書を用いて実のない薄っぺらな知識ばかりが教えられることについて、次のように皮肉を込めて批判していることである。「自然の法則では、ひとたび存在したものは絶滅しない。現在の学校は、この自然の法則に従えば不可能なことに成功した。すなわち、子どもたちが入学のとき持っていた知識欲や自発的行動力や観察能力は、修学年限が終わる頃には、普通は全く消えてしまって、しかもそれが別のものにもなっていないのである」[†1]（279-280頁）。すなわち、旺盛な知識欲等を持って学校に入学するも、何も身に付かないどころか、元々持っていた知識欲等までも失われてしまうというのである。まさにケイにとって、当時の学校は、百害あって一利なしの存在であったといえよう。

　また、性悪説がいまだに信じられることで家庭や学校で横行している体罰についても、かなりの紙幅を割いて厳しい眼差しを向けている。たとえば次のような記述が見られる。「今、私の良心を強く揺さぶるのは、殴打が不必要な苦痛を子どもに与える醜さと、それが自然に反する行為であることである。私は、我が子をぶった人の手と知ると、握手するのにも生理的嫌悪を覚え、街頭で子どもが殴打におびえる声を聞けば、悲しみのため夜も眠れない」[†1]（167頁）。ケイが感情を込めて、絶対に許されざるものとして体罰を批判していることが伝わってくる。

　以上のような教育の現状に対して、ケイは「大革新」を訴えるが、その精神は旧約聖書の「創世記」に登場する「ノアの方舟」を援用した以下の言葉に象徴される。「大革新とは、今のシステムを全面的に破壊し、土台の一石も残ら

ないようにすることである。そうだ、人々は教育分野でノアの洪水を経験しなければなるまい。…後で乾いた土地に着いたとき、人間は学校を建てずに、葡萄畑だけをつくるべきだ。葡萄畑での教師の任務は『葡萄の木を子どもの唇の高さに曲げること』である』」[1]（223頁）。こうした表現からはケイの徹底した教育の改革の意志が伝わってくる。また、「葡萄の木を子どもの唇の高さに曲げること」とは、教師の子どもに対する姿勢を端的に示した興味深い表現であるといえよう。

　そのうえでケイは、先に示した教育をめぐる問題に関しては、幼稚園は家庭教育に比べて劣ることから幼児期においては家庭で教育を行うべきことや、家庭および学校で体罰を加えることを法律で禁止するとともに、体罰を行った教師は無条件免職とするべきことを主張した。さらに、教科書や概説書を用いて画一的な教育がなされている学校に代わる新たな学校の特色として、①個人の才能がはっきりと現れている場合には、早期に専門化する、②ある期間、ある科目を中心に集中的な教育をする、③全学習期間を通じて自習作業をさせる、④全学習期間を通じて実物と接触させる、という4点を挙げている。①～③に示されているように、まさしく個々の子どもの適性や興味・関心等に合わせた教育こそがケイの理想の教育であったことが窺える。また④については、教科書や概説書を用いた教育に代わる新たな教育の方法としてみることができよう。加えてこうした教育を裏付けるべく、評価については、筆記試験ではなく、口述試験とレポートによることを提唱した。そしてその際、細部の知識ではなく全般的な教養を問うことを求め、たとえば口述試験の方法は、「試験官は子どもと共に、戸外で自然のなかを散策しながら、静かに自然について、人間について、過去について、現在について、彼らが何を知っているか聴聞する」[1]（225-226頁）ことであると述べている。

　以上、子どもを軸として教育をめぐる問題を論じた箇所に焦点を当てて『児童の世紀』について検討してきた。こうした『児童の世紀』に体現された教育観は、以降に取り上げる新教育の実践に多大な影響を及ぼすものであったといえる。

引用文献：

†1　ケイ著、小野寺信・小野寺百合子訳　『児童の世紀』　冨山房　1979年。
（※表現や漢字の表記につきまして本文に照らし合わせて適宜変えています）

参考文献（引用文献を除く）：

① 　ケイ著、原田実訳　『児童の世紀』　大同館　1920年。
② 　長尾十三二編　『新教育運動の理論』　明治図書出版　1988年。
③ 　長尾十三二編　『新教育運動の生起と展開』　明治図書出版　1988年。
④ 　長尾十三二編　『新教育運動の歴史的考察』　明治図書出版　1988年。

図表・出典：

★図 6-1-1　　L. Nyström-Hamilton 1913, *Ellen Key, Her Life and her work,*
G.P.Putnam's Sons.

２）モンテッソーリと「子どもの家」

（1）　モンテッソーリの生涯と時代

　ア）モンテッソーリの生涯

　モンテッソーリ（Maria Montessori、1870－1952）は、1870年８月31日にイタリアのアンコナ地方にあるキアラヴァレで貴族の血を引く軍人の父親と名門出身の母親との間の一人娘として誕生した。恵まれた家庭で愛情を受けながらも厳しくしつけられ、幼少期を過ごした。1890年、ローマ大学に入学し医学部に進学するが、父親や周囲の反対や偏見・差別を受けながら、苦労の末1896年に優秀な成績で卒業し、イタリア初の女性医学博士となった。

　卒業後は、ローマ大学付属精神病院の助手に任命され、ここでの経験がモンテッソーリに教育への関心をもたせるきっかけとなった。1899年から２年間、モンテッソーリは公立の障がい児教育施設の主任として子どもたちの教育にあたった。知

★図 6-2-1　モンテッソーリ

的障がいの子どもたちの教育に取り組むうちに、モンテッソーリはここで得た理論と方法が健常児にも適用できるに違いないと考えたのである。1901年、ローマ大学哲学科に入学すると、ルソー、ペスタロッチー、フレーベルという教育学の主流以外にも、イタール（Jean Marc Gaspard Itard、1774-1838）やセガン（Édouard Séguin、1812-1880）などの研究を通して実証主義的な視点から教育について研究を進めた。1904年、ローマ大学の教授に任命され、4年間を過ごす。

1907年、サン・ロレンツォの貧民街の一室に「子どもの家」を開設した。「子どもの家」での教育は世界中から注目されることとなり、その教育法をまとめた『「子どもの家」の幼児教育に適用された科学的教育学の方法』（1909年）は26か国語に翻訳された。

その後、モンテッソーリ協会の支部や学校が各地に設立され、モンテッソーリの教育法は世界中に普及していく。モンテッソーリもその普及のため、各国への講演や教員養成講座に積極的に取り組んでいった。第二次大戦中はインドで活動し、大戦が終結すると、1936年に移住したオランダへ帰国した。晩年はモンテッソーリ教育の普及と振興に尽力し、1952年5月6日に81歳で生涯を終えた。

モンテッソーリは、自身の教育法が誤って理解されることのないように教師の質の担保を保障するため、1929年に国際モンテッソーリ協会を設立し、教師の資格取得制度を設けた。モンテッソーリのこの思いは、死後も引き継がれていくよう遺言として残され、今日もその意思が受け継がれているのである。

イ）モンテッソーリの時代

モンテッソーリが生きた時代はイタリア激動の時代であった。モンテッソーリ誕生の半年後、イタリアの国家統一がなされるも大きな経済問題を抱えており、新国家はその始まりから厳しい状況に置かれた。一方で、ローマをはじめとする都市では急速に近代化が進んでいったのである。1900年代に入ると、「戦争の世紀」と称されるようにモンテッソーリは2度の世界大戦に加え、スペイン内戦など多くの戦争に翻弄された。

モンテッソーリ教育はムッソリーニやナチス政権によって迫害され、イタリ

アとドイツではモンテッソーリの学校は閉鎖され、著書や論文は焼かれた。モンテッソーリはこれらの迫害から逃れるために、イタリアを去るのである。こうした経験は、平和のために教育ができることは何かという平和教育者としてのモンテッソーリに大きな影響を与えた。大戦後、モンテッソーリは平和と子どもの生命の尊重を訴え、1950年にはノーベル平和賞の候補にあがった。

(2)　「子どもの家」とモンテッソーリ・メソッド

ア）「子どもの家」の開設

「子どもの家」（Casa dei Bambini）は、1907年１月、サン・ロレンツォの貧民街の一室に開設された保育施設である。当時、この地区は失業者、犯罪者、低賃金労働者の集まる貧民街であった。生きていくために両親が働きに行き、子どもたちは一日中家に残された。十分な教育もしつけも受けていない子どもたちは、物を壊したり落書きをしたりと手に負えない状況であった、住宅開発のために建物を管理していた不動産協会は困り果て、アパートの一室で共同生活を送らせることで問題を解決しようとした。その管理をモンテッソーリに任せたのである。モンテッソーリは、４月には同地区の別の建物に第２の「子どもの家」を開設し、教具や方法の実験を試みていく。モンテッソーリ教育は、独自の教育法としてモンテッソーリがもっていたものではなく、「子どもの家」の実践からうまれたものなのである。

「子どもの家」の規則[†1]をみると、「子どもの家」は両親が仕事のためにやむを得ず家を留守にしている家庭の３歳から７歳までの子どもを対象とし、無償で預かり、子どもの発達段階に応じた教育的、身体的、道徳的配慮を行う施設であった。親たちへの経済的負担はないが、モンテッソーリは義務を課し、親たちがそれらの義務を履行することで、家庭との連携が図られるようにしていた。

設備など決して恵まれていたわけではないが、「子どもの家」の子どもたちには驚くほどの変化がみられ、その成果は世界中から注目を浴びたのである。

イ）モンテッソーリ・メソッド

「子どもの家」における実践を通して見出された教育法が、モンテッソーリ・

メソッドとよばれるモンテッソーリの教育法である。以下に、その特徴を挙げていく。

環境整備の原理

　モンテッソーリは、教育の本質は子どもの自発的な自己発達の過程であるとする。子どもには自己発達力があり、それを発揮するよう援助することが教師や大人の役割である。そのために必要となるのが、環境を整えることである。「根本的なことは、どのように子どもに教えながら教育的効果をあげるかを考えるのではなく、むしろ子どもを発達させる環境をつくって、この環境のなかで子どもが自発的に発達するのにまかせておく」[†2]（76頁）ことなのである。

　「子どもの家」での実験でモンテッソーリは、子どもが適切な環境の中に置かれると、我を忘れて活動に集中し、活動を終えると満足と喜びに包まれた子どもの姿を目にした。モンテッソーリはこれを「集中現象」とよび、一定の環境条件が整えられると子どもたちの中に起こる現象であるという。子どもの環境として必要なのは、「自発的に自己表現をさせる環境」である。そのために、教師は子どもをよく観察しなければならない。モンテッソーリは、子どもを観察することを教育の基本とし、子どもから学ぶという態度を教師に必要な謙虚さと消極的態度としたのである。

　モンテッソーリは、「子どもの家」もまた子どものためにつくられた環境であるという。「子どもの家とは、わざわざ子どものために造った環境のことで、…そこでは子どもらが主人」[†3]（12頁）であり、子どもに自己の能力を発達させる機会が与えられるのである。実際、モンテッソーリは環境構成として机やいすを子どもが自由に動かしたり、持ち運べたりできるように作っていた。また、家庭環境と同一にするため、クラスは同一年齢ではなく異年齢（縦割り）で編成した。

感覚教育の原理

　モンテッソーリは、人間教育の基礎として感覚教育を重視し、そのために考案し製作したのがモンテッソーリ教具である。モンテッソーリの教具は①感覚教育のための教具、②文字・数学の指導のための教具、③実用生活訓練のため

の教具で構成されており、①感覚教育の
ための教具をモンテッソーリ教具とよぶ。
これらの教具に子どもたちが自発的に集
中して取り組むことで自己教育を可能に
し、感覚や知覚及び指先の機能などを効
果的に発達させることができる教育とな
る。それぞれの教具の代表的なものを以
下に挙げる。

①感覚教育のための教具

　・視覚関係：大きさの弁別、色の弁別、
　　形の弁別

　・皮膚覚：触覚、重量感覚、温度感覚、

★図6-2-2　桃色の立方体（ピンク・タ
　　　　　ワー）で遊ぶ子ども

図6-2-3　色版

図6-2-4　幾何学形カード

★図6-2-5　二項式立方体・
　　　　　三項式立方体

★図6-2-6　幾何学形立方

　　　立体認識感覚、

　・聴覚：雑音、楽音

　・味覚

　・嗅覚

②文字・数学の指導のための教具：斜面の板つき台、砂紙文字、砂紙数字、絵
　合わせ、紡錘棒箱色ビーズ、色付地球儀など

③実用生活訓練のための教具

　・衣服関係

　・家事関係

　・飼育栽培用具

　・体育用具

　こうした教育による発達には適した時
期があり、モンテッソーリは「敏感期」
（sensible period）と呼んだ。これは、子
どものある能力が発達するためには一定
の時期と段階があり、最も効果的に習得
するための一定の時期のことを意味して
いる。この敏感期を有効に活用し、子ど
もの発達を保障していくためには環境が
必要となる。モンテッソーリは、子ども
にとっての教師はモンテッソーリ教具と
整えられた環境であるというように、こ
れらは結びついているのである。

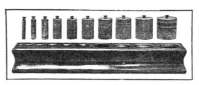

FIG. 5.—CYLINDERS DECREASING IN DIAMETER ONLY.

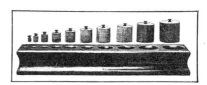

FIG. 6.—CYLINDERS DECREASING IN DIAMETER AND HEIGHT.

★図6-2-7　差し込み円柱

自由の原理

　子どもの自己発達力を尊重したモンテッソーリは、環境を整えることではな
く大人による子どもへの直接的な影響や、子どもの自己発達力を抑圧したり制
約したりするような行為を取り除き、子どもの自由を尊重し、保障した。モン
テッソーリのいう自由とは、わがままや勝手にしたい放題することではなく、
秩序のある自由である。それは集団の中で自己自制ができ、与えられた環境の

中で自由に選択し、自由な行動で自己を実現し、自己発展を遂げることができることである。

　教具を使って活動していくときにも、子どもたちは多くの教具の中から最も興味のあるものを自由に選び、集中して作業する。大人が時間を決めるのではなく、自分で選んだ作業は最後まで続けること、自分が使ったものは後の人が使いやすいように元通りにしておくことなどのルールを通して、子どもたちは秩序のある自由を教えられていくのである。

（3）　モンテッソーリ教育の今日的意義

　「子どもの家」の成果が世界から注目を集め、モンテッソーリ教育の熱狂は世界各地に広がった。19世紀から20世紀にわたって展開された新教育運動において、モンテッソーリ教育が与えた影響は大きい。日本でも、大正期の新教育運動の中でその理論と実践が受容されていった。しかし、モンテッソーリの感覚教育論やモンテッソーリ教具に関する批判が高まると、その人気は下火になっていった。

　再び人気が高まったのが1950年代末頃である。モンテッソーリ・リバイバルと呼ばれ、今日に至るまで世界中にモンテッソーリ教育が浸透している。日本においてもモンテッソーリ主義教育を掲げる幼稚園や保育園は多い。それらの園をみると、その特徴は自由である。幼児教育・保育における自由について、そしてそれを保障する環境のあり方、保育者の在り方について、モンテッソーリの教育にはそれらを議論する視座があると言えるだろう。

引用文献：

†1　M・モンテッソーリ著　阿部真美子・白川蓉子訳 『モンテッソーリ・メソッド』 明治図書　1974年。

†2　M・モンテッソーリ著　クラウス・ルーメル・江島正子訳『モンテッソーリの教育法』 エンデルレ書店　1992年。

†3　M・モンテッソーリ著　鼓常良訳 『わたしのハンドブック』 月見ヶ丘幼児教育研究所　1971年。

参考文献：

① 　市丸成人 　『モンテッソーリ教育学入門』 　学習研究社 　1986年。

図表・出典：

★図 6 - 2 - 1 　 L. Nystrom-Hamilton 1913, *Ellen Key. Her life and her work*, New York.

★図 6 - 2 - 2 ～ 6 - 2 - 6 　 Roger Kaysel *1996, Pestalozzi-Fröbel-Montessori*, Schweizer Kindermuseum Baden.

★図 6 - 2 - 7 　 M. Montessori 1966, *Dr. Montessoris own handbook*, Massachusetts.

3）ドイツ田園教育舎及び田園教育舎系学校

（1）　はじめに

　本節では、ドイツにおける新教育の中でも最も代表的なものの1つである「田園教育舎」（Landerziehungsheim）を対象とする。田園教育舎とは、都市から離れた豊かな自然環境の中に設立された寄宿制学校であり、その起源は、教育者ヘルマン・リーツ（Hermann Lietz, 1868-1919）が19世紀末より創設した一連の「ドイツ田園教育舎」（Deutsches Landerziehungsheim）に求められる。また、ドイツ田園教育舎を出発点として、「田園教育舎系学校」と呼べるような、類似の教育施設が派生し、各地に誕生していった。本節では、まずはドイツ田園教育舎について検討した上で、田園教育舎系学校の中から「ヴィッカースドルフ自由学校共同体」（Freie Schulgemeinde Wickersdorf）に言及した後、「オーデンヴァルト校」（Odenwaldschule）について取り上げる。

（2）　ドイツ田園教育舎の概観

　ドイツ田園教育舎と同じタイプの学校は、ドイツに限らず、新教育が展開された19世紀末以降のヨーロッパの各地において見られた。例として、イギリスのレディ（Cecil Reddie, 1858-1932）が1889年に創設したアボッツホーム校、同じくイギリスのバドレー（John Haden Badley, 1865-1967）が1893年に創設したビデールズ校、そしてフランスのドモラン（Joseph Edmond Demolins, 1852-1907）が1899年に創設したロッシュ校などが挙げられる。また日本にお

いても、明治末期の1907年に、教育者今井恒郎
（1865-1934）が同種の学校である日本済美学校を
創設している。

　これらの学校の間には相互に影響関係が見られ、
実際にリーツもアボッツホーム校で教師として働
いた経験を有しており、そこでの教育に感銘を受
けて、母国にドイツ田園教育舎を創設した。す
なわち、ドイツにおける一連の田園教育舎の生み
の親はレディということになるが、レディからの
強い影響は、リーツがドイツ田園教育舎の構想を
記した1897年刊行の書に『エムローシュトッバ』

図6-3-1　ヘルマン・リーツ

（Emlohstobba）というタイトルを付けたことからも窺える。というのも、「エ
ムローシュトッバ」というドイツ語があるわけではなく、この言葉はアボッツ
ホーム（Abbotsholme）を後ろから表記したアナグラムだからである。

　リーツは、『エムローシュトッバ』の刊行後、1898年のイルゼンブルク校
（Ilsenburg）を皮切りに、1901年にハウビンダ校（Haubinda）、1904年にビー
バーシュタイン校（Bieberstein）と、一連のドイツ田園教育舎を創設していった。
創設日はいずれもリーツの誕生日に当たる４月28日である。リーツがこうした
３校を立て続けに創設した背景には、学年ごとに学校を分けるという目的があ

図6-3-2　ドイツ田園教育舎ハウビンダ校

り、イルゼンブルク校には下級学年（9～12歳）、ハウビンダ校には中級学年（13
～15歳）、そしてビーバーシュタイン校には上級学年（16～18歳）の子どもが
在籍した。現在の州でみると、ハルツ山地のイルゼンブルク校はザクセン＝ア
ンハルト州に、ハウビンダ校はチューリンゲン州に、そしてレーン山地のビー
バーシュタイン校はヘッセン州に位置していた。いずれもドイツの中部に当た
るとはいえ、既存の建物を利用したということもあり、同じドイツ田園教育舎
であるにも関わらず3校はかなり離れていたのである。そして、1914年の同じ
く4月28日、リーツは4番目のドイツ田園教育舎として、イルゼンブルク校と
同じハルツ山地に、孤児を対象としたフェッケンシュテット校（Veckenstedt）
を創設した。この4校までがリーツが生前に創設したドイツ田園教育舎である。
第一次世界大戦の敗戦の翌年に当たる1919年6月12日にリーツは亡くなるが、
彼の事業は後継者のアルフレート・アンドレーゼン（Alfred Andreesen, 1886-
1944）に引き継がれた。リーツ没後も、1923年のゲベゼー校（Gebesee）および
エッタースブルク校（Ettersburg）の創設を皮切りに、アンドレーゼンのもとで、
ドイツ田園教育舎は広がっていった。

（3）　ドイツ田園教育舎の理念

　ドイツ田園教育舎の創設を通してリーツがめざしたものは、「田園教育舎」
という名称自体に体現されている。すなわち、田園教育舎を構成する3つの言
葉である「田園」と「教育」と「舎」がそれぞれ何の対概念であるのかを考え
ると、彼のめざしたものが明瞭に浮かび上がってくる。
　まず、「田園」は「都市」の対概念である。19世紀後半以降、ドイツではベ
ルリンやハンブルクなどの近代的な大都市が発展していったが、リーツは「都
市」を、猥雑な文化に溢れて精神的に堕落した場所であると捉え、子どもの教
育や発達の場所として適さないと考えた。それに対して、生き生きとして生産
的な活力に満ちた「田園」こそが教育や発達の場所として適していると考え、
リーツは田園に学校を設けたのである。
　続いて、「教育」は「教授」の対概念である。リーツは、当代の学校におい
て支配的であった、実りのない知識を教師が単に伝達するに過ぎない「教授」
を批判的に捉えた。それに対してリーツが提唱したのは、知育に止まらない包

括的な人間形成を目的とした「教育」であった。そのために全寮制の学校で教師と子どもが生活を共にするという方法がとられたのである。そしてドイツ田園教育舎の教師は、子どもに模範を示すとともに感化を与えられるような「教育者」であることが求められた。

　最後に「舎」についてであるが、その原語であるドイツ語の“Heim”は英語の“Home”に相当する言葉であり、「家庭」や「故郷」といった意味を有する。その点を踏まえたうえで、「舎」は「学校」の対概念である（ただし便宜上本節では、ドイツ田園教育舎を指して「学校」と表記することがあるとともに、ドイツ田園教育舎と同種の教育施設を「田園教育舎系学校」と記すことを予めお断りする）。リーツは、当時の学校を、教育的愛情が欠如した教師が権威を笠に着て子どもたちを支配するような「冷たい空間」であると、批判的に捉えていた。それに対して彼がめざしたのは、家庭の如く教師が子どもたちを包み込むような「温かい空間」に満ちた「舎」であった。こうした「舎」を形成するうえでも、教師と子どもが生活を共にすることが必要であったといえる。またドイツ田園教育舎では、生活の単位として、教師と子どもたちによる「ファミリー」が形成されたが、まさにこの「ファミリー」は、ドイツ田園教育舎を家庭のような空間にしようとしたリーツの思いの表れであろう。

　以上のようにドイツ田園教育舎は、「都市」「教授」「学校」が孕んだ問題を克服するものであったという見方ができる。こうした思想を有した田園教育舎の創設に当たっては、リーツの生い立ちも影響を与えていた。まず教育の場として田園を重視する考え方に関しては、リーツが、バルト海に浮かぶドイツ最大の島であるリューゲン島で農業を営む家庭に生まれ、自然豊かな環境の中で育ったことで培われたものであるといえる。また、「教授」や「学校」への批判の根幹には、リューゲン島を離れて彼が進学したギムナジウムでの経験があった。ギムナジウムとは、主に大学進学に繋がる現在のドイツの中等学校の１つであるが、歴史的にはエリート教育を目的として19世紀に広がりを見せた学校である。当時のギムナジウムは、日常の生活からみれば「死語」となっていた古代ギリシア語やラテン語に膨大な時間を費やすとともに、ひたすら知識を暗記してそれを試験するという教育がなされ、生徒に対する教師の権威も非常に強いものであった。こうしたギムナジウムでの彼の苦い記憶が、人間形成に

重き置き、子どもを家庭のように包み込むような教育舎の創設へと繋がっていったのである。

（4）　ドイツ田園教育舎における教育

　リーツは、1911年に、ドイツ田園教育舎での教育実践をもとにドイツの学校改革について論じた書である『ドイツ国民学校』を著した。前項で取り上げたドイツ田園教育舎の性格を補足すべく、同書を参考にして、同校の教育の特色について2点指摘したい。

　1点目は、知的教育に止まらず、身体教育、作業教育、芸術教育、情操教育と多岐に亘る教育を実施したことである。知識を伝達することに終止した「教授」を批判したリーツにとって、全人的な陶冶は重要な教育課題であったのである。ドイツ田園教育舎の日課を見ると、こうした多岐に亘る教育が流れに沿って行われていたことが分かる。一日は早朝のランニングに始まり、午前中は主に知的教育が、午後は主に身体教育、作業教育、芸術教育がそれぞれ行われ、夜にはお祈りや講話などを通した情操教育がなされた。

　2点目は、今日のアクティブ・ラーニングに繋がるような、子どもが主体的に参加する教育を実施したことである。具体的には、観察や実験を通して自ら課題を探究する教育、教師との共同活動に基づきながら進められる教育、そして学んだことを自ら表現する教育などが重視されている。リーツがこうした教育を提唱した裏側には、教科書や概説書に基づいて暗記したことをひたすら試験するという、従来の機械的な授業への批判があった。

　そして、以上のような教育を通じてリーツが最終的にめざしたものは、ドイツを支える指導者の養成であった。

（5）　相互の離反による田園教育舎系学校の広がり

　1919年のリーツの没後も、アンドレーゼンのもとで、リーツの意志を継承したドイツ田園教育舎が広がっていったことを先に指摘した。しかしながら、田園教育舎はリーツを直系とする学校が増設されることで広がっただけでなく、第7章第3節で言及している「ショーンドルフ南ドイツ田園教育舎」（アンマーゼー田園教育舎）のように、リーツから影響を受けた人々が同種の学校を創

　設したり、リーツのドイツ田園教育舎で働いていた教師たちの独立や離反によって同種の学校が新たにできたりすることによっても広がった。そうしたドイツ田園教育舎に類似した一連の学校を「田園教育舎系学校」と称することができ、ここでは離反による田園教育舎系学校の広がりについて、２校を例にとって考えたい。

　見解の相違によりリーツから離反した教師たちによって創設された田園教育舎系学校の代表例として、1906年９月１日にチューリンゲン州ザールフェルト近郊の山間部に位置するヴィッカースドルフの地に創設された、「ヴィッカースドルフ自由学校共同体」を挙げることができる。この学校を創設したのは、いずれもハウビンダ校の教師として勤務していた、グスタフ・ヴィネケン（Gustav Wyneken, 1875-1964）、パウル・ゲヘープ（Paul Geheeb, 1870-1961）、マルティン・ルゼルケ（Martin Luserke, 1880-1968）らである。

　「田園教育舎」ではなく「自由学校共同体」という名前を冠したことから、ヴィッカースドルフ自由学校共同体は田園教育舎とは異なる新しい教育施設であるという当人たちの認識は確かに窺える。しかしながら、都市から離れた豊かな自然環境の中に設立された寄宿制学校であるという点をはじめ、ヴィッカースドルフ自由学校共同体はドイツ田園教育舎から多くのものを継承しており、同校も田園教育舎系学校として位置付けられうる学校である。その一方で、ヴィッカースドルフ自由学校共同体には、次のような、ドイツ田園教育舎に対する彼らの批判に基づいた改革が見受けられた。

　１点目は、ドイツ田園教育舎では教師と子どもならびに教師同士の間に上下関係が強く見られたということへの批判である。実際に働いた教師の立場から見ると、ドイツ田園教育舎では、教師の権威の払拭という同校の創設に際してリーツが抱いた思いが貫徹されていたとはいえなかったことになるが、こうした批判の背景には、ヴィネケンが青年運動（既存の社会への批判を背景とした青年の自己陶冶活動）の指導者であったことも影響している。すなわち、青年も指導者も同じ「仲間」とみなされた青年運動のように、ドイツ田園教育舎でも、その構成員は上下関係のない同じ「仲間」であるべきと考えられたのである。そのことを踏まえ、ヴィッカースドルフ自由学校共同体では、学内のさまざまな事柄を審議することを目的として、すべての子どもたちを含む学校の構成員

や関係者が一堂に会した、「学校共同体」という一種の全校集会が導入された。こうした点でヴィッカースドルフ自由学校共同体は、子どもたちによる学校運営への参加の先駆的な試みであるといえる。

　２点目は、ドイツ田園教育舎では男女共学が取り入れられていなかったということへの批判である。リーツが男女共学に否定的であったことから、ドイツ田園教育舎は基本的に男子校であり、女子が入学するには既に男兄弟が在籍していることを条件とした。それに対してヴィッカースドルフ自由学校共同体では、全寮制の学校にありながら男女共学を実践したのである。ちなみ同様の動きはイギリスで見られ、バドレーのビデールズ校も、男子校であったアボッツホーム校を批判して、男女共学を採用した学校であった。

　こうしたヴィッカースドルフ自由学校共同体は、リーツとの対立をいわば「共通項」として当初は纏まりがあったものの、共同校長を務めていたヴィネケンとゲヘープの間に次第に意見の相違が生じていった。青年運動の指導者ヴィネケンは、どのような子どもであろうがすべての子どもは「青年」としての共通の特性を有していると考え、すべての子どもを一括りにして「統制型」の教育を主張したのに対し、ゲヘープは逆に個々の子どもの相違を重視して、「放任型」の教育を主張したのである。

　そうした対立の結果、ゲヘープがヴィッカースドルフ自由学校共同体を離れ、1910年４月14日、彼は自らの教育理念を実現させるべく、ヘッセン州ヘッペンハイムのオーバーハムバッハの地に「オーデンヴァルト校」を創設した。「オーデンヴァルト校」という名前は、この学校が位置した「オーデンの森（ヴァルト）」に由来する。オーデンヴァルト校は、ヴィッカースドルフ自由学校共同体のように、名前に「自由学校共同体」は付かなかったが、ゲヘープは同校を自由学校共同体と位置付けていた。それゆえ、オーデンヴァルト校もまた田園教育舎ではないという彼の認識が垣間見られるが、都市から離れた豊かな自然環境の中に設立された寄宿制学校であるという田園教育舎の根本にある特徴は継承されており、オーデンヴァルト校もまた田園教育舎系学校に位置付けることができる。リーツからの離反がさらなる離反を生むことで、田園教育舎系学校はさらに広がっていったのである。

　本節では具体的には言及しないが、ルゼルケもヴィッカースドルフ自由学校

共同体を離れた後、1925年5月1日に、北海沿岸に浮かぶ東フリースラント諸島のユイスト島に、「海の学校」（Schule am Meer）を創設している。この学校もまた、ドイツ田園教育舎からヴィッカースドルフ自由学校共同体を経由して広がった田園教育舎系学校であった。

（6）　ゲヘープとオーデンヴァルト校

　前項を受けて、ドイツにおける新教育の中でも最も大胆な実験であったオーデンヴァルト校についてさらに掘り下げていきたい。オーデンヴァルト校についてまず興味深い点は、同校は確かに田園教育舎系学校に位置付けられるものの、ゲヘープはリーツとは異なり、田園と都市を二者択一的に捉えることを好ましいとは考えず、田園地域ではあって

も都市からの交通アクセスが適度に良い場所にオーデンヴァルト校を創設したことである。田園教育舎系学校が広がりを見せる中にあって、このような、リーツの思想の積極的な「修正」も見受けられたのである。以下、4点に絞ってオーデンヴァルト校での教育の特徴を取り上げていく。

図6-3-3　パウル・ゲヘープ

　1点目は、オーデンヴァルト校の根本的な教育の柱となるが、「自分が自分らしく成長する」という精神のもと、子どもたちの自由と自主性を重んじたことである。個々の子どもの相違を重視して「放任型」の教育を主張したことからヴィネケンとの食い違いが生じたことを考えると、当然取られる立場であるといえよう。そうした姿勢は開校当初より明確であり、ゲヘープは開校演説において、「何事も自分の力で行い、次第に私たちを不必要と思うようになるまで、君たちの創造力を制限せず、圧迫せず、自由に発展させ、強固にしたいと思っている」[†1]（208頁）、「自主的に自由に考え行動することを訓育されれば、君たちは将来、立派に自分の役目を果たすことができるようになろう」[†1]（209頁）など、自由や自主性に再三言及している。自由や自主性が保障された空間の中でこそ、自律した人間の育成が可能であるとゲヘープは考えたのである。

　2点目は、寄宿制学校にあって、先進的な男女共学を実践したことである。ヴィッカースドルフ自由学校共同体でも確かに男女共学は推進されたが、実際には女子生徒の割合は極めて少なく、そもそも男女共学とは言い難い側面があった。それに対しオーデンヴァルト校は、年度により差はあるものの平均して3分の1が女子生徒で占められ、名実ともに男女共学といえる学校であった。そのうえでオーデンヴァルト校では、原則としてあらゆる面での男女の別が撤廃され、ヴィッカースドルフ自由学校共同体とは異なり、宿舎も男女一緒になった（ただし部屋は男女で分かれていた）。それゆえオーデンヴァルト校での男女共学は、実質的に男女の共同生活を意味しうるものであった。ゲヘープがこうした男女共学の必要性を主張した理由は、一般社会において男女両性の関わりは不可欠であるため、学校教育の段階から女性と男性が協力しながら生活する必要があると考えたからである。

　3点目は、ヴィッカースドルフ自由学校共同体と同様に「学校共同体」を導入し、子どもも学校運営に参加できるようにしたことである。こうした「学校共同体」について、ヴィッカースドルフ自由学校共同体のそれと比較すると、年少の児童も平等に一票の投票ができるようになったこと（すなわち、校長ゲヘープも含め、「学校共同体」の参加者の間に決定権の立場上の差はなかった）や、議長を校長ではなく年長の生徒が務めるようになったことなど、学校運営へ子どもの参加がさらに進んだものとなった。「学校共同体」の重要性については、ゲヘープによる開校演説の中で次のように言及されている。「私たちは『学校共同体』と名付けてこの場所に集まり、ここの生活の組織について意見を交わし、個人の幸せと共同体の幸せにとって最善の、しかも平等に役立つ対策を、皆一緒に相談し、意志の疎通を図ることにしよう」[1]（210頁）。オーデンヴァルト校を子どもたちと共に作っていこうというゲヘープの強い意志が垣間見える。

★図6-3-4　オーデンヴァルト校での作業教育

　4点目は、カリキュラムの改革を目的として、「コース組織」と呼ばれる制度を導入したことである。「コース組織」の特徴は、固定された同一のカリキュラ

ムを、細かく区切られた時間割に従って学習するのではなく、特定の教科を時間割に捉われずに集中的に学習できるようにしたり、子どもたち自身が自由にカリキュラムを設計できるようにしたりした点にある。「コース組織」は、1点目で指摘した子どもの自由と自主性をカリキュラムの面で保障するものであったといえる。

（7）　おわりに

　以上、本節では、ドイツにおける新教育の最も代表的なものの1つである田園教育舎に焦点を当て、その源流であるリーツのドイツ田園教育舎から、ヴィッカースドルフ自由学校共同体を経て、オーデンヴァルト校へと至る1つの流れについて取り上げてきた。

　ドイツ田園教育舎は、従来の学校を改革しようという強い意志によって始められるとともに、都市化される社会への批判も含んでいたことから、まさしく新教育を象徴するような実践であったといえる。しかしながら、そのうえで興味深いのは、「新教育」というと、「聖人君子」が行った、完成された教育の理想型であると捉えられがちであるが、実際の歴史を紐解くと、ドイツ田園教育舎やその創始者であるリーツに対する内部からの積極的な批判が見られ、そこからさらなる新教育の実践が生み出されたということである。ヴィッカースドルフ自由学校共同体は、ドイツ田園教育舎への批判から生まれたものであり、オーデンヴァルト校もまたドイツ田園教育舎とヴィッカースドルフ自由学校共同体への批判から生まれたものであった。こうした歴史をみると、新教育は、生きた人間による模索の中で展開されていったものであることが伝わってくるであろう。

引用文献：
†1　ヴィネケン・ゲヘープ著　鈴木聡・W.ウィルヘルム著訳　『青年期の教育』
　　明治図書出版　1986年。
（※表現や漢字の表記につきまして本文に照らし合わせて適宜変えています）

参考文献（引用文献は除く）:

① 天野正治編 『現代に生きる教育思想　第5巻　ドイツ（2）』 ぎょうせい 1982年。

② リーツ著　川瀬邦臣著訳 『田園教育舎の理想』 明治図書出版 1985年。

③ 山名淳 『ドイツ田園教育舎研究－「田園」型寄宿制学校の秩序形成－』 風間書房 2000年。

④ 渡邊隆信 『ドイツ自由学校共同体の研究－オーデンヴァルト校の日常生活－』 風間書房 2016年。

図表・出典:

★図6-3-1～6-3-2　H. Lietz, A. Andreesen (Hrsg.) 1935, *Hermann Lietz. Lebenserinnerungen* (4./5. Aufl.), Hermann Lietz-Verlag.

★図6-3-3～6-3-4　M. Näf 2006, *Paul und Edith Geheeb-Cassirer. Gründer der Odenwaldschule und der Ecole d' Humanité. Deutsche, schweizerische und internationale Reformpädagogik 1910-1961*, Beltz Verlag.

4）デューイと新教育運動

　本節では、アメリカにおける新教育運動の理論的指導者として評価されてきたデューイを取り上げる。ここでは、デューイと新教育運動との関係に焦点を当てながら、彼の教育思想、教育実践、日本に与えた影響を見ていく。

（1）　デューイの生涯

　デューイ（John Dewey, 1859-1952）は、1859年10月20日にアメリカのヴァーモント州に生まれた。1879年にヴァーモント大学を卒業し、小学校や高校の教員を務めた後、1882年にジョンズ・ホプキンス大学に入学し、哲学を専攻した。1884年に「カントの心理学」という論文で博士学位を取得した。ミシガン大学、ミネソタ大学で教鞭を取った後、1894年からシカゴ大学の哲学・心理・教育学科の教授となった。1896年、同学科によってシカゴ大学附属学校が設立され、この学校は一般的に「デューイ実験学校」と呼ばれた。デューイは実験学校の長となり、哲学研究に加えて教育実践にも関わっていくこととなった。1899年

には、実験学校を世界に広めるキッカケとなっ
た『学校と社会』を出版した。しかし、実験学校
をめぐってシカゴ大学理事会との対立が生じたた
め1904年にシカゴ大学を辞任した。同年、デュー
イはコロンビア大学の教授に就任し、1930年まで
その職を務めた。この期間に、『民主主義と教育』、
『経験と自然』等の著作を執筆し、プラグマティ
ズムの立場から教育や社会について論じた。さら
に、休暇等を利用してイギリス、ソビエト、中国、
トルコ、日本、メキシコなどを訪問し、講演活動
を積極的に行った。コロンビア大学退職後も研究

★図6-4-1　デューイ

および著作活動を続け、1938年には『経験と教育』を著わした。1952年6月1日、
91歳でその生涯を終えた。

(2)　「旧教育」に対するデューイの立場

　デューイは、自身の著作『学校と社会』の中で、旧教育（伝統的に行われて
きた教育）の特徴を説明する際に、次のように教室の例を挙げている。「わた
したちが通常の教室を思い浮かべ、そこには不恰好な机が何列にも幾何学的に
整然と並べられていて、しかもそれら机は、子どもたちが教室のなかを動きま
わる余地ができるだけないようにと、所狭しと置かれている。しかも、その机
たるや、ほとんどみな同じ大きさで、その上に本と鉛筆と紙を置くのにちょう
ど足りるだけの広さ……」（92頁）。デューイは、こうした教室を「ものを聴く
ため」（92頁）だけに作られたものであると考えた。つまり、教室では、教師
が一方的に授業をして、子どもたちはそれを座って聴くだけであった。こうし
た一斉教授では、子どもたちは教科書等を与えられ、全員が同じ内容を学ばせ
られるのが一般的であった。これら教室の例を用いて、デューイは「旧教育」
の特徴として「子どもたちの態度の受動性、子どもたちの機械的な集団化、カ
リキュラムと教育方法が画一的」（95頁）であるとまとめた。

　デューイは、「旧教育」を否定的に捉え、以下のように改革すべきだと述べ
ていた。「旧教育は、重力の中心が子どもの外部にあるということを述べるこ

とで、要約することができるだろう。……今日わたしたちの教育に到来しつつ
ある変化は、重力の中心の移動にほかならない。……子どもが中心となり、そ
の周りに教育についての装置が組織されることになるのである」（96頁）。この
ように、デューイは子どもを教育の中心に据えることを主張した。つまり、教
育は受動的、画一的なものではなく、子どもの主体性や自由を重視し、子ども
自身の興味・関心に沿ったものに変わらなければならないと考えたのであった。
こうしたデューイの考えは、「新教育」の理念と共通するところがあった。

(3) 「新教育」に対するデューイの立場

　しかし実際に、デューイ自身は「新教育」と距離を取っていた。彼は、自身
の著作『子どもとカリキュラム』において、「新教育」の問題点を次のように
指摘した。「「新教育」では、その子どもの現在の能力や興味を、それ自体が何
か最終的に意義のある重要なものであるとみなされると、そのことこそが新教
育を危なかっしいものとしている理由であるとされるのである」（279頁）。
このように、デューイは、子どもの興味そのものに絶対的価値を置いていた「新
教育」を批判的に評価した。彼は、子どもが自身の興味に沿って思い思いに好
きな活動をしていけば、学習が成り立つといった素朴な子ども中心主義を否定
した。こうした考えは、『学校と社会』からも見て取れる。デューイは、「子ど
もの活動は、指導によってその活動が組織立てられて取り扱われることによっ
て、散漫であったり、たんなる衝動的な表現のままに任されるようなことには
ならなくて、価値ある結果へと向かうものである」（99頁）と述べており、子
どもの学習活動を意義あるものにするためには教師によって子どもの学習活動
を組織立てることの重要性を強調していたのであった。

　以上のようにデューイは、子どもの興味・関心を重視する一方で、子どもが
自身の興味・関心をもっていることを思いのままに活動するだけでは、よい学
習ができるとは捉えていなかった。こうした彼の教育思想は、以下で検討する
ように、デューイ実験学校の実践にも色濃く反映されていた。

(4) デューイ実験学校の概要

　デューイ実験学校は、1896年から1904年までの約9年間しか存続しなかった

が、アメリカにおける新教育運動を代表する学校として世界各地で知られることとなった。

　実験学校は、シカゴ大学の哲学・心理・教育学科によって運営・管理された。理系の実験室と同じように、教育理論を実践において試すという目的から「実験学校」（Laboratory School）という名称が用いられた。実験学校は、生徒16人、教師２人で開校し、４年後には生徒約140人、教師23人まで増加した。実験学校には、４歳から15歳までの子どもが所属しており、年齢ごとのグループに分かれていた。一つのグループは、10名程度で構成されており、当時の一般的な学校と比べれば、かなり少人数での教育が実施されていた。学習内容としては、年齢によって多少異なるが、「オキュペーション」（occupation）、歴史、地理、理科、技能（読み・書き）、音楽、美術、体育等があった。「オキュペーション」は、主に低年齢で行われる実験学校独自の活動領域であった。デューイは、『学校と社会』の中で「オキュペーション」を「子どもがおこなう一種の活動様式であって、それが社会生活において営まれているある種の形態の作業を再現したり、あるいはその作業に類似した形態でおこなわれること」（205頁）と定義していた。具体的には、裁縫、料理、織物、工作等が行われる「家庭生活のオキュペーション」と、農場の仕事や生活を学ぶ「社会的オキュペーション」の二つがあった。

（5）　デューイ実験学校における教育実践の特徴

　ここでは、デューイ実験学校の教員によってまとめられた実験学校の実践記録『デューイ・スクール』を参考にしながら、デューイ実験学校の実践の特徴を２点描いていく。その際に、「社会的オキュペーション」を事例として取り上げる。「社会的オキュペーション」は、６歳児のグループで行われ、農場の仕事や生活を学ぶことが中心テーマであった。

　１点目は、通常の学校で見られたような教科書を用いた授業ではなく、子ども自身の活動的作業を通じて学習が行われたことである。例えば、積み木や砂箱を用いて農場の模型を設計しながら、農場の施設やその配置について理解を深めていった。施設だけではなく、農場で収穫される作物や農場で飼われている動物に関する学習も行われた。子どもたちは校内の空き地を整地して小麦を

植えて、収穫、脱穀、調理まで経験した。
この過程で小麦をどのように脱穀すると
効率が良いのかということを話し合った
り、料理をしながら小麦に対する熱の影
響を調べたりすることが実施された。他
にも、寸劇を用いながら、小麦が農家か
ら各家庭の食卓まで流通する流れを学ん
だり、乳牛を観察することを通して、草
食動物の特徴を掴んだりすること等があ
った。このように、工作、話し合い、料理、

★図6-4-2　デューイ実験学校の授業
風景

寸劇、観察等を通じて、子どもが直接体験することが重視された。実験学校では、
子どもが受動的であった「旧教育」と大きく異なり、子どもによる主体的な活
動を通して学習が進められていったのであった。

　2点目は、教師が子どもの興味・関心を踏まえながら、学習活動を綿密に設
計していたことである。こうした特徴は、『デューイ・スクール』に記された
一つの文章を手がかりにして考えることができる。そこでは、「社会的オキュ
ペーション」を進めていく際の教育上の課題として、次のことが挙げられてい
た。「教育上の課題となったのは、子どもの観察力を導き、自分が生活してい
る世界の特徴に共感的に興味を抱くようにして、子どもの強力な自発的情動と
思考に訴えながらさまざまな事実と観念を伝えてくれるような教材、しかも後
年の多少とも専門的な学習にも役立つような教材を用意することだった」（45
頁）。このように、まず教師が教材を用意することの重要性が述べられていた。
加えて、教材が後の学習にもつながるような内容を含んでいることが求められ
ていた。これらから、実験学校に通う子どもは、教材を媒介にしながら、教師
の方向づけのもとで学習活動を進めていたのであり、子ども自身の興味に沿っ
て思い思いに好きな活動をしていたわけではなかったことが伺える。
　先の引用から、教師が教材を子どもの興味・関心を引き出すものにしようと
努力していたことも読み取れる。その一例として、読み・書き・算の学習を取
り上げたい。デューイは、通常の学校において、習得する意義や動機が不明確

なままに読み・書き・算が教えられていることを批判していた。それゆえ、実験学校では読み・書き・算を学ぶための特設授業をほとんど設けることをせずに、他の活動の中でこれらの基礎的スキルを取得させることを目指していた。実際に、「社会的オキュペーション」の中にも、子どもたちに算数を学習させることが組み込まれていた。例えば、農場の模型を設計する際に、母家、納屋、畑の寸法を調べる学習が行われた。そこでは、長さの概念を知り、ものさし等を使って測定方法を身に付ける必要があった。さらに、小麦を使って料理をする際には、計量方法を知らなければならなかった。このように、算数の知識の必要性を感じさせ、子どもがそれを学びたいという気持ちを生み出す仕掛けや教材があったのである。こうした教材や仕掛けを作るのは教員であり、教員による綿密な学習設計によって実験学校の実践は成り立つものであった。

　確かに、子どもの興味・関心を重視するという点で、実験学校は「新教育」との共通点を有している。しかし、教師による綿密な学習設計のもとで学習が行われていた点を踏まえれば、実験学校は、子ども中心主義を過度に強調する「新教育」と一線を画していたと評価することができよう。

(6)　デューイが日本に与えた影響

　はじめて日本で紹介されたデューイの著書は、『学校と社会』であった。原著は1899年に出版されたが、日本語版が出されたのはその２年後であった。このように、すでに明治時代にデューイの著書は日本で紹介されていたが、デューイが本格的に受容され始めたのは、大正時代である。大正時代は、「大正デモクラシー」と呼ばれるように、民主主義、自由主義的な時代であった。こうした社会状況は、教育分野にも影響を及ぼし、日本でも「大正自由教育」と呼ばれる新教育運動の実践が盛んに行われていた。デューイの教育思想・教育実践は、子ども中心主義に基づいた学校実践や教育実践の正当化の根拠として用いられることとなった。1930年頃になると、新教育運動の勢いは弱まっていき、デューイ自体も扱われなくなっていった。再び、デューイが注目を浴びるようになったのは、戦後改革期である。アメリカの影響を受けた教育改革が進む中で、問題解決学習が受容され、デューイは再び注目されることとなった。しかし、1960年代になると、高度経済成長期の中で系統的知識を学ぶことが求めら

れ、問題解決学習は下火となっていった。1970年代以降も、問題解決学習か系統的学習かという議論はたびたび行われ、教育政策に大きな影響を与えてきた。

参考文献：

① 　教育思想史学会編　『教育思想事典－増補改訂版』　勁草書房　2017年。

② 　ジョン・デューイ著　市村尚久訳　『学校と社会・子どもとカリキュラム』
　　講談社学術文庫　1998年。

③ 　田浦武雄　『デューイとその時代』　玉川大学出版部　1984年。

④ 　日本デューイ学会編　『民主主義と教育の再創造－デューイ研究の未来へ』
　　勁草書房　2020年。

⑤ 　メイヒュー、エドワーズ著　小柳正司監訳　『デューイ・スクール－シカ
　　ゴ大学実験学校：1896年〜1903年』　あいり出版　2017年。

⑥ 　山田英世　『Ｊ・デューイ』　清水書院　2016年。

図表・出典：

Katherine Camp Mayhew, Anna Camp Edwards: 1936, *The Dewey School, The laboratory school of the University of Chicago 1896-1903*, New York.

第7章　オールタナティブ教育の系譜（もうひとつの学校）

１）シュタイナーの自由ヴァルドルフ学校

（1）　シュタイナーの生涯

　「シュタイナー教育」の提唱者ないし「シュタイナー学校」の創設者として知られるシュタイナー（Rudolf Steiner, 1861-1925）は、オーストリアやドイツを拠点に活躍した教育思想家である。

　鉄道技師の息子として生まれたルドルフ・シュタイナーは、父親のすすめで実科学校に入学し、卒業後はウィーン工科大学へ進学する。しかし、技術者としての将来が約束されたレールの上を歩みながら、シュタイナーは教師という職業に興味を持ちはじめ、鉄道の官職に就くよりも実科学校の教師になることを夢見るようになったという。

★図7-1-1　シュタイナー

　1884年に大学を卒業した23歳のシュタイナーは、ウィーンの実業家シュペヒトと知り合いになり、住み込みで一家の子ども４人の家庭教師を務めることになった。６年にも及ぶ家庭教師経験の中でシュタイナーにとってもっとも印象深かったのは、脳水腫を患っていたオットー・シュペヒト少年の教育であった。というのも、オットー少年は10歳の段階で読むことも書くことも計算することも十分にできず、周囲からは教育不可能と諦められていたにもかかわらず、シュタイナーは感情や意志に働きかける魂の教育を施し、最終的に成人したオットーを医者にすることができたからである。シュタイナーはこの経験から教育の底知れぬ可能性を実感したのである。

（2）　人智学に基づく教育観

　一方でゲーテやニーチェの影響を受けながら、他方では神秘主義や神智学の流れも汲む思想的系譜は、後にシュタイナー独自の「人智学（Anthroposophie）」

の構築へとつながる。「あなたを神と自然の中間に位置づけなさい。あなたを超越し、あなたの中に上から光を投げかけているものについて、そして下からあなたの中に働きかけてくるものについて、人間に語らせなさい。そうすればあなたは、人智学という、人間の語る叡智を手に入れる。」[†2]（12頁）——人智学とは、シュタイナーによれば、人間の本質を意志と感情で捉える学問であり、この人智学によって彼は、成長しつつある子どもの魂の声を聴こうとしたのである。以下では、人智学に基づくシュタイナーの教育観を、彼自身の言葉で確認しておこう。

　第一のポイントは、子どもの意志と感情、とりわけその感覚世界を重視する教育観である。シュタイナーはこう述べる。「子どもの場合の意志と感情の領域は、その感覚生活の中に求めなければなりません。ですから子どもを知的に教育するときも、意志に対して絶えず働きかけなければならないのです。」[†1]（117頁）——後に紹介するシュタイナー学校のユニークな教育実践には、このような人智学的根拠があり、さらに「成長しつつある人間の本質を意志と感情で把握することができれば、よい授業、よい教育ができるはずです」[†1]（139頁）というシュタイナーの確固たる教育観が存している。

　第二のポイントは、まさに「成長しつつある人間の本質を意志と感情で把握すること」[†1]（139頁）、すなわち子どもの発達段階を重視した教育を行うことである。「ご承知の通り、授業や教育が必要な時期は生まれてから二十年にも及んでいます。この二十年間の子どもの生活全体が三つの時期に分かれることを、私たちは知っています。歯が生え替わるまでの子どもに固有の特徴は、模倣する存在であろうとすることの中によく現れています。周囲の環境の中ですべてを模倣しようとするのです。七歳から思春期までの子どもは、権威ある存在の下で、知るべきこと、感じるべきこと、欲するべきことを学ぼうとしています。そして思春期になってはじめて、自分自身の判断に基づいて、周囲の環境との関係を持とうとしはじめるのです。」[†1]（140頁）

　このように、シュタイナーは人間が誕生してから成人するまでの20年間を7年刻みで把握し、子どもの内面に応じた教育の重要性を説く。1919年に創設されたシュタイナー学校は、まさにこうした人智学的教育観を実行に移す絶好の機会だった。

（3）　自由ヴァルドルフ学校の創設

　シュタイナー学校はもともと、ドイツのシュトゥットガルトにあった「ヴァルドルフ・アストリア煙草会社」というタバコの製造工場で働く労働者の子どもを対象として1919年に開校された私設学校であり、正式名称も「自由ヴァルドルフ学校」（Freie Waldorfschule）であった。

　自由ヴァルドルフ学校の創設にあわせて開催された連続講演の中でシュタイナーは次のように述べている。｜悪しき教育目標や悪しき卒業目標が国家によって定められています。それらの目標は考え得るかぎりでの最悪の目標です。それなのに人びとはそれを、考え得るかぎりでの最高のものだと思いこもうとしています。今日の政治は人間を型にはまったものとして扱い、かつてないほどにまで人間を型にはめようと試みています。陰で糸を引かねばならないあやつり人形ででもあるかのように人間を扱い、そうすることが考え得るかぎりでの最大の進歩を意味していると思いこんでいます。」[†1]（ii頁）――自由ヴァルドルフ学校創設の出発点には、教師中心主義による画一的教育を推し進める近代学校制度に対する批判意識があった。

　1919年9月7日、約300人の最初の生徒を迎えて自由ヴァルドルフ学校は開校した。生徒の大半は工場労働者の子どもだったが、中には人智学協会会員の子どももいたとされる。しかし、シュタイナーは自由ヴァルドルフ学校の教育が、人智学そのものの教育ではなく、人智学に基づく教育であることを強調する。「私たちはこのヴァルドルフ学校で特定の世界観の下に教育しようとはまったく思っていません。ヴァルドルフ学校は特定の世界観による学校ではありませんから、人智学のドグマを子どもにおしつけることはしません。どんな人智学上の教義も教えようとは思いません。そもそも人智学は教育内容にはなりえません。しかし私たちは、人智学を教育の実際に役立たせようと努力するつもりです。」[†1]（iii - iv頁）

　"教育の目的を倫理学に、教育の方法を心理学に求め、体系的教育学の構築に貢献した人物"というヘルバルトの定番紹介コメントになぞらえて言うなら、シュタイナーは"教育の目的を子どもの内面に、教育の方法を人智学に求め、自由な教育学を樹立した人物"と紹介できるだろう。それでは、世界中で注目を集めるシュタイナー学校では具体的にどのような教育実践を行っているのだ

ろうか。

（4）　シュタイナー教育の特質

◆8年間一貫教育

　たとえば、子どもの内面や個性は決してテストや通知表によって数値化されうるものではないとして、いわゆる定期試験を実施せず、担任教師による自作のポエムで綴られた通知表を学年末に手渡すことなどは、その代表例である。子どもたちの成長ぶりを詩的に表現するためには、それ相応の洞察力や観察眼はもちろん、子ども一人ひとりの内面が掌握できるだけの距離の近さが必要であろう。シュタイナーはこの課題を、入学時からクラス担任を8年間変えないという「8年間一貫教育」によって解決しようとした。彼によれば、担任教師は「あらゆる学年を通じて同じクラスを受け持つことが非常に重要」[†1]（180頁）なのである。

◆エポック授業

　また、子どもたちの内面を最大限に尊重するという観点から、主要なテーマについて一定期間集中的に授業を実施する取り組みも行った。シュタイナーはこう語る。「ヴァルドルフ学校ではエポック授業といわれるものをおこなっていて、細かい時間割はありません。ひとつの対象に4週間から6週間つづけて関わるのです。8時から9時までが算数、9時から10時までが読み方、10時から11時まで書き方というようなやりかたはしていません。ひとつの題材を毎朝4週間、主要授業のなかで扱うのです。そうして、子どもが十分理解したら、つぎの題材に移ります。」[†3]（138頁）――「エポック」とは、ひとつの意味を持つ期間のことを指すが、シュタイナーによれば、感性が豊かな子ども時代というのは「一定期間ひとつの教材に集中することによって、非常に多くのものが得られる」[†3]（139頁）のである。

◆オイリュトミー

　身体全体で音やリズムを表現する「オイリュトミー」（Eurythmie）も、シュタイナー学校を代表する教育実践であろう。「ヴァルドルフ学校では、小学校の授業の最初からオイリュトミーを教えます。オイリュトミーは目に見える言葉であり、人間がひとり、あるいはグループでおこなう動きによって、ふだ

んは言語をとおして示現するものを開示します。」[†3]（198頁）——オイリュト
ミーという言葉はもともと“美しい（Eu）＋リズム（Rythmie）”という意味
を持つが、シュタイナーがこの活動を重視するのは、「子どもは内的に体験し
たものを、意志に即して自分で表現したいという衝動を強く感じるから」[†3]（199
頁）である。

＊　　　　　＊　　　　　＊

　シュタイナーは自由ヴァルドルフ学校の教師に向かってこう述べる。「皆さ
んがよくわきまえていなければならないことは、授業の間にも子どもはすくす
くと成長していかなければならないということです。このことをどう理解した
らいいでしょうか。授業によって、教育によって皆さんが子どもの成長を妨げ
てはならないということを意味しているのです。皆さんに許されていることは、
成長するという基本的な要求のかたわらで授業をすることなのです。」[†1]（178
頁）——ここには、子どもの内面的成長を最大限重視するシュタイナーの教育
観が象徴的に示されていると言えよう。

　シュタイナーによるこのユニークな教育実践は次第に注目を集めるようにな
り、第２次世界大戦後はシュタイナー教育として世界各国に紹介されることと
なった。現在では、日本も含め、さまざまな国でシュタイナー教育が実践され
ている。

引用文献：

†１　シュタイナー著　髙橋巌訳　『教育の基礎としての一般人間学』　創林社
　　　1985年。

†２　シュタイナー著　髙橋巌訳　『人智学・心智学・霊智学』　筑摩書房
　　　2007年。

†３　シュタイナー著　西川隆範訳　『人間理解からの教育』　筑摩書房　2013
　　　年。

参考文献：

①　広瀬俊雄　『シュタイナーの人間観と教育方法－幼年期から青年期まで』
　　　ミネルヴァ書房　1992年。

図表・出典：

★図7-1-1　H.Scheuerl（Hrsg.）1979, *Klassiker der Pädagogik II*, C・H・Beck.

2）ニイルのサマーヒル学園

　イギリスのサマーヒル学園は、ニイル（Alexander Sutherland Neill、1883〜1973）によって、1924年に設立された世界で最も自由な学校の一つ。同学園はフリースクールなど世界中のオールタナティブスクールに影響を与えた。日本でも同学園をモデルに、ニイル研究者の堀真一郎氏によって「きのくに子どもの村学園」が設立されている。以下、ニイルの略歴と同学園の概要について述べる。

(1)　ニイルの略歴

　スコットランドに生まれたニイルは、厳格な小学校長を父親にもち、体罰を伴う厳しい躾を受けて育った。暗記中心の学校の成績は振るわなかった。14歳のとき社会に出るが長続きせず、鞭による恐怖が支配する父親の学校で教員をする。

　教員生活で教養を深める必要を感じた彼は1908年、エジンバラ大学に進む。学生時代に、穏健な社会改良主義であるフェビアン主義などの社会主義思想に傾倒する。労働党に入党した後、小さな村の小学校長となり、自由な教育を模索する。彼は教育を唯一の社会改革の手段と捉えていた。そしてフェビアン主義からギルド社会主義を信奉し、資本主義の打倒を目指した。ギルド社会主義とは、自治権をもつ職業別に組織された団体（ギルド）すなわち労働組合や、自治的な消費組合などを基礎に編成されたナショナル・コミューンである。ニイルが子どもの自治や自由を重視し、あらゆる権力による抑圧や権威主義を否定した根源的要因がここにある。

　彼は、労働党の仲間と第一次大戦に従軍するが、今で言うPTSDで除隊した後、積極的に新教育運動に関与していく。試験と点数を廃止し、子どもの自由と自治を重視したキング・アルフレッド学校での教育活動、新教育協会とその機関誌『新世紀』での活躍、世界中の新教育運動家が集う第1回国際会議（1921

年）にイギリス代表で参加するなど新教育運動家として著名となる。同年には国境を越えて、子どもの自由と自治を尊重する国際学校をドイツに創設するが革命勃発のために帰国し、サマーヒル学園を設立する。

（2） サマーヒル学園

　学園はロンドン東北約160キロに位置するレイストンにあり、ある富豪の邸宅を譲り受けた。敷地は45,000㎡（福岡ドームの全敷地面積は84,600㎡）で、本館、教室、寄宿舎、テニスコート、乗馬練習場、温室などがある。現在にも続く男女共学の寄宿学校であり、5歳から16歳が学ぶ。生徒数は60人前後で推移し、日本人を含めて世界中から生徒が集まる。教職員は教師や寮母など15名程度。

　サマーヒル学園の理念は、子どもを学校に適応させるのではなく、学校を子どもに適応させること。授業に出るかどうかは子どもの自由に任されており、学園の規則は全校生徒と教職員が対等な立場で参画する全校集会において決定される。

　サマーヒル学園の特徴は、①抑圧と恐怖からの解放、②強制からの解放、③自由と自治である。まず①抑圧と恐怖からの解放について。ニイルは宗教教育や道徳教育に伴う原罪と鞭打ちに激しく抵抗する。それは彼自身がカルヴァン

★図7-2-1　全校集会で発言するニイル

主義者の父親によって鞭打たれ苦しめられ経験によるところが大きい。彼は人間の本性は善であるとし、当時のキリスト教を「奴隷道徳」であると言う。そして彼は「私の仕事は、教育された子どもに対し、教育しないようにすることである。したがってその仕事は消極的である」と述べる。ここにルソーの影響を見ることが出来る。ニイルは躾という名において行われる鞭打ちや懲戒を否定し、学園では宗教教育を行わなかった。それはキリスト教精神を否定したからではなく、宗教教育や道徳教育の名の下に行われる奴隷道徳、支配者にとって都合の良い奴隷的従属を否定したからである。

②強制からの解放について。ニイルは子どもの生活や学習は強制によってではなく自由によるべきであると主張した。彼によれば、権威主義的な強制による教育は、その道徳的支配とあいまって、教育を支配者の支配の道具とするものに過ぎない。それ故彼は、子どもに欠席の自由を認めた。また学習への強制も行わなかった。かといって、まったく放任しているのでもない。ニイルは『自由は放縦ではない』（1966年）と著すように、子どもの自主性を尊重するのであって好き放題させることを意図したのではない。系統的な知識を望む子どもがいればそのニーズに応え、芸術やスポーツを好む子どもがいれば、それが出来る諸条件の整備を行う。それがサマーヒル学園である。

③自由と自治について。ニイルはサマーヒル学園を自治共同体（self-goverment community）と呼んだ。彼は、全員参加型の直接民主制を基本とし、多数者の専制を排した。学校生活のほとんどのこと、例えば年齢ごとの就寝時間や各種行事などは、子どもとスタッフが対等の権利をもって参加する全校集会で決められた。規則違反に対しては全校生徒が参加する法廷で処罰が下された。その処罰とは、食事のときに最後尾に並ばせるとか、一日だけの水泳禁止など。ニイルは「自治の組織をもたない学校は、進歩的学校と呼べない」とし、当時の新教育運動にありがちな単なる教育方法としての自由教育を戒めている。

以上、ニイルと彼のサマーヒル学園の概要を見てきた。ニイルは社会主義に傾倒するなど体制変革の思想をもち、教育を通しての社会変革を望んだ。したがってその教育は、常に既存の権力や権威からの解放を求めるとともに、自由で自治的な民主主義的問題解決能力の育成を期待するものであった。彼の学校

は「恐るべき学校」と酷評されることがあったが、当時の自由を標榜する学校の多くが、既存の体制や秩序への服従を求める学校であったことをニイルは批判した。今日、フリースクールなどのオールタナティブスクールを求める声が高まっているが、単なる教授方法としての自由尊重は、真のオールタナティブにはならないだろう。

参考文献：

① ニイル　霜田・堀訳　『ニイル著作集（1〜10)』　黎明書房　1976年。

② 山﨑洋子　『ニイル「新教育」思想の研究−社会批判にもとづく「自由学校」の地平−』　大空社　1998年。

③ 堀真一郎　「教育におけるニイルの位置」『大阪市立大学家政学部紀要22巻』1975年。

④ 林信二郎　「アレクサンダー・S・ニイル」『現代に生きる教育思想』　ぎょうせい　1982年。

⑤ 山﨑洋子　「ニイルの『自由学校』思想に関する−考察」『日本の教育史学38』　1995年。

図表・出典：

Marie-Louise Plessen u. Peter von Zahn;1979, *Zwei Jahrtausende Kindheit*, Verlagsgessellscaft Schulfernsehen.

3）ペーターゼンとイエナプラン

(1)　はじめに

イエナプラン（Jena-Plan）とは、子どもの主体性や協調性を育むことを目的とした進歩的な教育である。イエナプランが広まったのはとりわけ1960年代以降のオランダにおいてであり、現在は特にオランダにおけるオールタナティブ教育として紹介されることが多い。しかしながら、イエナがドイツの地名であるように、元々の始まりはヴァイマル期のドイツであり、その創始者はドイツの教育学者ペーター・ペーターゼン（Peter Petersen, 1884-1952）である。ヴァイマル期は新教育が盛んに展開された時期であったが、イエナプランもその

流れに位置付けられる。本節では、こうしたイエ
ナプランと創始者ペーターゼンについて学んでいく。

（2）　イエナプランの始まりとその普及

　ペーターゼンの主著『小イエナプラン』によれ
ば、彼に教育改革の意欲をもたらしたものとし
て、ヘルマン・リーツに影響を受けてユリウス・
ローマン（Julius Lohmann）が創設した「ショー
ンドルフ南ドイツ田園教育舎」（「アンマーゼー田
園教育舎」）を見学したことや、オーデンヴァル
ト校の教師エリザベス・ウーゲナン（Elisabeth

★図7-3-1　ペーター・ペー
ターゼン

Huguenin, 1885-1970）が編纂した『オーデンヴァルト校』の中で田園教育舎に
関する研究を行ったことを挙げている。興味深いのは、ともに第6章第3節で
取り上げた田園教育舎に関するものであるという点である。加えて、「リヒト
ヴァルク校」の指導者として自身も携わった、ハンブルクの生活共同体学校（教
師と父母と子どもが繋がりを持ちながら自律的に運営される実験学校）での実
践も大きな影響を与えたとされている。このような彼自身のそれまでの新教育
との関わりがイエナプランの背景にあることをまずは押さえておきたい。

　ペーターゼンは、ハンブルク大学で教授資格を取得した後、リーツの恩師で
もあるヴィルヘルム・ライン（Wilhelm Rein, 1847-1929）の後任として1923年
にイエナ大学哲学部の教育科学講座の教授として着任した。そしてその翌年の
1924年より、校長を務めたイエナ大学附属学校において、当時問題となってい
た国民学校での退学や落第の問題の解決等を意図して開始した実践が「イエナ
プラン」である。

　ただし当初から「イエナプラン」という名称であったわけではなく、そもそ
もペーターゼン自身がそのように命名したわけでもなかった。「イエナプラン」
という名称は、スイスのロカルノで開催された第4回の新教育連盟国際会議の
場でペーターゼンが実践の報告をした際、ロンドンの大会準備委員会の方で名
付けられたのが始まりである。アメリカのドルトン・プランやウィネトカ・プ
ランなどに倣って、イエナ発祥の進歩的な教育実践であることから「イエナプ

ラン」と命名されたのである。

　ペーターゼンは、第4回新教育連盟国際会議における報告をまとめ、1927年に、『自由で一般的な国民学校のイエナプラン』を出版した。この書を介して、「イエナプラン」という名前とともにペーターゼンの実践が広まっていくこととなった。その後ペーターゼンは、それまでの実践をもとに、1930年から1934年にかけてイエナプランの実践を詳細に紹介した3部作を新たに発表した。これらの3部作と比較して、『自由で一般的な国民学校のイエナプラン』は入門書的な役割を果たすことから、「大イエナプラン」であるところの3部作に対して、「小イエナプラン」と称されるようになった。1936年に第7／8版が出版された際に、「小イエナプラン」という副題が初めて付され、第二次世界大戦以降になると題名自体が『小イエナプラン』となり、ペーターゼンの主著として彼の没後も版を重ねていった。

（3）　イエナプランの内容

　それではイエナプランとは具体的にはどのようなものであろうか。以下、『小イエナプラン』に従いながら、その特色を簡単に列挙していきたい。

　第1の特色は、同学年で編制される従来の年齢別学年学級に代えて、3学年で編制される「基幹集団」を学校生活の基本的な単位としたことである。具体的には、1〜3年生の下級集団、4〜6年生の中級集団、6〜8年生の上級集団、そして8〜10年生の青年集団という基幹集団が設けられた。6年生及び8年生は2つの集団にまたがるが、全般的な発達を考慮してどちらの集団に入るのかが決められ、決して知的な面での成熟度だけで決められることはなかった。こうした基幹集団で毎年度3分1ずつが入れ替わりながら、子どもたちは1年ごとに、年少、年中、年長の異なる3つの立場を体験していった。ペーターゼンが基幹集団を提唱した背景としてまず挙げられるのは、異年齢の子どもたち同士だからこそ生じる相互の積極的な影響関係である。具体的には、年少児は年長児から援助してもらうことができ、逆に年長児も年少児を支えることで自身を成長させることができるといったことであり、従来の年齢別学年学級では見られないようなこうした効果をペーターゼンは期待したのである。他にも、基幹集団の利点として、勉強が得意な子どもやリーダーシップを取る子どもが常

に固定されてしまってその子が自信過剰になるのを防げることや、特定の子ども同士ないし特定の子どもと教師が親密になり過ぎるのを避けられることなどを挙げている。またペーターゼンは、基幹集団は多様な子どもたちで構成されるべきと考え、3学年という年齢の多様性に加え、男女ともに在籍していることや、才能面や社会階層の面で多様であることが望ましいとした。

　第2の特色は、基幹集団が過ごす教室を、「学校居間」と呼べるような、子どもたちが帰属意識を持てる空間へと変えたことである。具体的には、歌をさえずる小鳥が飼われたり、子どもたち自身が作った花飾りや壁飾りが飾られたりして、教室が新たにデザインされた。こうした改革の背景には、従来の教室は「作業場」であって生活をする場所ではない、という彼の批判があった。また、イエナプランの教室では、子どもたちの活動に応じて部屋を作り替えられるように、従来の固定式の長机に代え、移動が可能で車座になって座れるような机を設置した。こうした点からも「学校居間」としての教室の様相が垣間見られる。

　以上、まずは2点特色を述べてきたが、こうした基幹集団および「学校居間」としての教室という構想の背景には、ドイツの社会学者フェルディナント・テンニース（Ferdinand Tönnies, 1855-1936）の理論があることを補足しておきたい。すなわちテンニースが、集団の形態について、人為的かつ打算的に結び

★図7-3-2　イエナ大学附属学校

付いた「ゲゼルシャフト」（利益社会）と、自然な感情で結び付いた「ゲマインシャフト」（共同社会）を対比させたのを参照し、従来の学級は「ゲゼルシャフト」であり、基幹集団は「ゲマインシャフト」であるとそれぞれ位置付け、両者は本質的に異なるものと考えたのである。「ゲマインシャフト」の代表例に家族があるが、基幹集団とは、ペーターゼンにとって、相互の援助や配慮がなされるまさに家族のようなものであったといえよう。そしてそれゆえ、その物理的空間についても、「居間」のような場所であることを求めたのである。

　続いて第３の特色は、カリキュラムを構成する要素が「談話」「遊び」「作業」「行事」の４つに大別され、それらがリズミカルに展開されることである。ペーターゼンがこれら４つを挙げたのは、これらが歴史的に発展してきた人間の生活の基本形式であると考えたからであり、イエナプランの教育が、人間の生活に基づいて構成されていることが分かる。１つめの「談話」は、一般に一週間の始めと終わりに組まれている、教師と子どもが車座になって行われる歓談のことである。２つめの「遊び」には、主に教科学習が該当し、具体的には、遊びの要素を取り入れた計算、文法、歌唱、詩、体操などが示されている。加えて、休み時間中の遊びや野外遊びなどの文字通りの遊びもここに含まれる。３つめの「作業」には、全般的な教科学習が該当する。ちなみに、イエナプランの教科学習で特徴的なことは、カリキュラムが教科によって区分されているわけではないという点である。すなわち、イエナプランでは、計算や言葉の練習を行う「基礎学習課程」、文科的な内容ないし理科的な内容が集団での活動を通して総合的に学習される「文科的集団活動」と「理科的集団活動」、そして図画や工作に当たる「造形学習」といった領域によってカリキュラムが構成されているのである。加えて「作業」には、学校花壇の栽培活動や教室の整頓なども該当する。そして４つめの「行事」は、基幹集団や学校全体で行われるさまざまなイベントのことであり、具体的には、誕生会や新入生歓迎会のほか、クリスマス、謝肉祭、夏祭りなどが想定されている。

　第４の特色は、イエナプランが導入される学校においては、先のハンブルクの生活共同体学校と同じように、教師と保護者と子どもが繋がりを持ちながら自律的な運営がなされるということである。ペーターゼンは、こうした学校形態を「学校共同体」と称しており、国家による官僚主義的な管理を避けられる

ことや、教師と保護者と子どもを内的に結び付けられることなどを利点として挙げている。このようにイエナプランもまた、ドイツにおける新教育を特徴付ける、子どもや保護者の学校参加を促した実践の一つとして位置付けられる。

（4）　おわりに

　以上、本節では、イエナプランとペーターゼンについて取り上げてきた。イエナプランの特長は、①子どもたちの相互作用が有する教育力を重視していること、②家庭にいるかのような居心地の良い教育空間を作り出していること、③人間の生活の基本形式と結び付けてカリキュラムを構想していること、④学校と家庭の連携・協働や子どもたちの学校参加を志向していること、などに纏めることができよう。

　冒頭に示したように、こうしたイエナプランが特に広がったのがオランダであった。そしてそのために労をなした人物として挙げられるのが、教育者スース・フロイデンタール（Suus Freudenthal, 1908-1986）である。最後になるが、オランダにおける「イエナプランの母」と称される彼女は、ペーターゼンと並ぶもう一人のイエナプランの「生みの親」ということができる。

参考文献：

① 　ペーターゼン著　三枝孝弘・山崎準二著訳　『学校と授業の変革－小イエナプラン－』　明治図書出版　1984年。

② 　P. Petersen 1927, *Jena Plan einer freie allgemeine Volksschule,* Julius Beltz Verlag.

③ 　P. Petersen 2014, *Der Kleine Jena-Plan. Einer freien allgemeinen Volksschule*（66. Aufgabe）, Beltz Verlag.

④ 　リヒテルズ直子　『オランダの個別教育はなぜ成功したか－イエナプラン教育に学ぶ－』　平凡社　2006年。

図表・出典：

P. Petersen /E. Petersen, besorgt von T. Rutt 1965 *Die Pädagogische Tatsachenforschung,* Verlag Ferdinand Schöningh

4）フレネの学校
（1）　フレネ教育のルーツ

　子どもが授業の主役となるような児童中心主義の教育実践を推し進めたのは、フランスの教育家フレネ（Célestin Freinet, 1896-1966）である。セレスタン・フレネは、師範学校に通っていたことからも明らかなように、どちらかと言えばもともと教師中心主義の立場にあった。しかし、師範学校在学中に従軍した第1次世界大戦で毒ガスの被害に遭い、肺機能が著しく低下してしまったフレネは、大きな声で元気よく授業を行う熱血教師への道を閉ざされてしまう。子どもが主役となるような彼の教育実践は、教師中心主義ではいられな

★図7-4-1　フレネ

くなった教師フレネが必要に迫られて案出した教育の代替案でもあった。

　第1次世界大戦後、1920年に公立小学校の教師になったフレネは、1921年に開催された第1回国際新教育連盟結成大会に参加したのを契機に、児童中心主義に基づくさまざまな教育実践を知り、公立小学校に勤務しながら教師中心主義教育に対する批判を繰り広げるとともに、オリジナルの児童中心主義教育を提案していくことになる。公立学校をやめたフレネが自分の学校を創設したのは、1935年9月のことであった。

（2）　教科書批判

　フレネはまず教師中心主義の象徴とも言うべき教科書に対する批判を繰り広げる。「光明」という意味を持つ雑誌『クラルテ』（Clarté）第73号に掲載された論文「教科書」（1925年4月）の中でフレネは次のように述べる。「子どもは小学校で初めての読本と出会い、受け取るとすぐに美しい挿絵を注意深く見つめ、まず熱心に楽しく読み出す。だが決った時間に先生の命令でこの本を手に取り、文法的に難しいことだけが関心事となるようなページでいつとは知れず立ち止まるようになると、すぐにうんざりしてしまう。こうして新しい本を手にした数日の幸せは不毛な勉強によって犠牲にされてしまう。」[1]（115頁）

　入学したばかりの新学期の教室で新しい教科書を手に取ったときのワクワク感は誰もが経験していよう。先生や親に言われたわけでもないのに自発的に数ページ読み進めてしまったという人もいるのではないだろうか。しかし、教科書はやがて数式や文字中心の難しい内容になり、多くの場合、次第に子どもたちにとって魅力のないものになる。フレネによれば、それは、もともと教科書が子どものためではなく教師のために書かれたものだからである。

　ならば、少なくとも教師にとって教科書は使い勝手のよいテキストになっているかといえば、必ずしもそうではない。フレネは教師にとっての教科書の弊害に関して次のように述べる。「教科書により教師たちは多年にわたってそこに書かれた教科を画一的に伝授する癖をつけてしまい、子どもがそれを理解できるかどうか気にもかけなくなり、忌わしい慣習に教師はがんじがらめになってしまう。子どもの希望など全く問題にならない。なぜなら、このテキストでびっしりつまった何百ページの中に理想のすべて、つまり試験に受かるための十分な教科内容が入っているのだから。」[†1]（117頁）——フレネに言わせれば、教科書によって教師も単なるティーチングマシンと化してしまうのである。

　教科書中心主義とも言えるような現状を前に、フレネは「教育者たちがこの機械的な教授法から抜け出し、とくに子どもの教育、子どもを高めることに専心することが絶対に必要である」[†1]（117頁）と述べる。こうした彼の教育観に基づいて編み出されたのが、いわゆる「自由テキスト」である。

（3）　自由テキスト（texte libre）

　フレネ学校では通常の教科書の代わりに、子どもたちが校外で観察した事象について、子どもたち自身が主体的に表現するオリジナルの「自由テキスト」を手作りしたとされる。雑誌『クラルテ』第75号に掲載された論文「書物中心の教育に対して、学校に印刷機を」（1925年6月）の中で彼は次のように言う。「だから教科書を離れて、生徒たちが生きるようにさせよう。今日の月曜日、生徒たちは、昨日少しの間に雹で野原を白くさせた嵐のことで今なお頭も目もいっぱいにしてやって来た。われわれは今日に予定していた植物の生命について語るべきだろうか。彼らに言わせよう。そして明確な説明を求め、またわれわれも明確な説明を与えよう。どうしても表面的になりがちな子どもらしい観

察からもっと先へ進むようにさせよう。そして文を構成しよう。」[†1]（124頁）

　教師が用意した教科書とは違い、フレネ学校の教科書の執筆者は子どもたち自身であり、当然のことながら授業の主役も子どもたちとなる。すると、子どもたちの意欲や集中力が違ってくるという。「みんなこの生きたテキストを熱中して読んだ。しかもそれは何ら悪しきもののない熱中であった。三人か四人の生徒がこれを作文するのだが、それも十五分か二〇分の作業である。しかも音節に区切ってしか読めないような生徒でも、かなり手早く作文する。この作業の間、教師は全く口を出さないし、他の生徒たちは各々自分たちの仕事をしている。個別的な読書、学習テーマに関する写しや練習、個別化され、自主教育に向かわせる方法での計算練習などである。」[†1]（125頁）

　フレネはこの自由テキストを教科書として活用するために、学校の教室に印刷機を持ち込み、毎日のようにオリジナルの資料印刷を行ったという。「作文ができ上がると、印刷する。これには簡単な手押しの印刷機を使い、五分か一〇分で百枚刷る。各々の生徒は自分の「生活の本」に貼りつけ、欠席者のために何部かをとっておく。また時には、熱心な子は晩、その日習ったことを病気の友だちの家へ行って伝え、こうして休んでいてもクラスの生活から遅れないようにする。」[†1]（125頁）

　既成の教科書を購入するのではなく、子どもたちお手製の教科書を作成する印刷作業にも教育的意味を見出したことから、フレネ学校は別名「学校印刷所」とも言われた。

（4）　フレネ学校の影響

　他にも、自由テキストを他校の子どもたちに読んでもらい学校間の相互交流を図ろうとする「学校間通信」であるとか、子どもたちによる自治組織である「学校協同組合」といった試みも、フレネ学校独自の教育実践として評価することができる。

　いずれの教育実践にも共通しているのは、子どもの自主性や主体性を尊重しようとするフレネの積極的な児童中心主義であろう。「もう授業はやらない！あなたの言うことなど全然聞きたいとは思っていない子どもたちに、指導要領や時間割に組みこまれた教科内容を説明するために大声を出したり、神経を擦

り減らすこともなくなるでしょう。」[†1]（131頁）——1937年11月発表の論文「もう教科書も授業もいらない」におけるこの見解は、フレネの児童中心主義を象徴する言葉である。

　加えて特筆しておきたいのは、フレネの教育実践は、シュタイナー学校の場合とは異なり、世界各国の公立学校にも影響を与えているという点である。1935年にわずか16人の子どもと共同生活をはじめるところからスタートしたフレネ学校ではあるが、調べ学習、総合的な学習の時間、児童会や生徒会、交流授業など、日本の公立学校においても当たり前のように行われている教育実践のいくつかは、フレネ学校にそのルーツを求めることができるのである。

引用文献：

†1　フレネ著　宮ヶ谷徳三訳　『仕事の教育（世界新教育運動選書16）』　明治図書　1986年。

参考文献：

①　佐藤広和　『フレネ教育－生活表現と個性化教育』　青木書店　1995年。

【図表・出典】

★図7-4-1：Victor Acker 2000, *Celestin Freinet*, Greenwood Press

5）イリイチの脱学校論
（1）　イリイチの問題意識

　これまでに紹介したシュタイナー、ニイル、ペーターゼン、フレネらによるユニークな教育実践は、児童中心主義の考え方を具現化した成果として高く評価することができるだろう。しかし、たとえばシュタイナー学校やフレネ学校は、どれだけ子どもの意欲や関心に基づく教育実践を行っていても、その名称が雄弁に証明しているとおり、まさに「学校」という場に児童を通わせている点において児童中心主義を完遂することができていないのではないか。このような問題意識から徹底した児童中心主義のかたちを模索したのが、イリイチ（Ivan Illich, 1926-2002）である。

　イヴァン・イリイチはオーストリアのウィーン
に生まれ、後にアメリカやメキシコに渡った思想
家である。もともと神学や哲学を学び、歴史学で
博士号を取得したイリイチは、渡米後にカトリッ
ク神父となり、貧困層の人々に寄り添う生活を送
ったとされる。こうした日々を通じて彼は、「誰
もが、学校の外で、いかに生きるべきかを学習
する」[1]（64頁）ことに気づくようになる。イリ
イチによれば、「われわれは、教師の介入なしに、
話すこと、考えること、愛すること、感じること、
遊ぶこと、呪うこと、政治にかかわること、お

★図7-5-1　イリイチ

よび働くことを学習するのである」[1]（64頁）。その一方で、既存の制度や価値
観、国家権力に対する批判的態度を強めたイリイチは、1970年に『脱学校の社
会（Deschooling Society）』を出版する。

（2）　学校化の弊害

　イリイチによれば、学校や教師は必要がないのみならず、むしろ有害ですら
あるという。「学校によって徐々に教え込まれる制度化された価値は、数量化
された価値である。学校は人間の想像力をも含めて、否、人間そのものまでを
も含めて、すべてのものが測定できるような世界へ若者を導き入れる。（…略…）
しかし本当は、人の成長は測定のできる実体ではない。それは鍛錬された自己
主張の成長であり、どのような尺度やカリキュラムをもってしても測ることが
できないし、他人の業績と比較することもまたできないものである。」[1]（81-82
頁）──私たち人間の存在意義や人生の価値は精緻に測定されるものではなく、
したがってまた人間のあらゆる側面を数値化しようとする現在の学校教育制度
は決して人生を豊かにするものではないとイリイチは主張する。

　また、イリイチに言わせれば、学校は生徒から主体性や学ぶ意欲を奪い、提
供されるサービスを受動的にただ消費するだけの存在に退化させてしまうとい
う。「学校は、生徒に教授される事柄に対する飢えを感じさせるように計画し
ている。それは、生徒が教授される事柄をしだいに多く吸収するように仕向け

るためである。しかし、たとえその飢え
によって生徒が授業の内容を絶え間なく
吸収するようになったとしても、彼は、
何かを知って満足するという喜びを得る
ことは決してない。各教科は一つの「提
供されたもの」を消費したらまた次のも
のをというように、次々に消費するよう
に使用法を記されて包装されてくる。そ
していつでも昨年の包装は今年の消費者
には時代遅れだということになるのであ
る。」[†1]（86頁）

　学びの主体は子どもたちであるはずな
のに、教師がいる学校に通うという制度
がこの世に存在する限り、子どもたちは
学ぶ意味や目的を見出せないまま惰性の

★図7-5-2　『脱学校の社会』の表紙

学びを続け、結果として学ばされる客体であることを強いられてしまう。なら
ば、むしろ近代以降自明視されている学校制度そのものを撤廃し、学ぶべき主
体が文字通り主体的に学べるような社会を実現すべきではないか。脱学校論の
背景には、イリイチのこのような問題意識があったのである。

(3) 脱学校化を目ざして－学びの復権－

　むろんイリイチは教育そのものを否定するわけではない。ただ、近代学校制
度の成立以来、当たり前のように続けられてきた"子どもたちが学校に通い、
教師に授業を教わる"という学びのスタイルがこのまま続けられてしまうと、
いつしか学校に通うこと自体が自己目的と化し、教育本来の意味が見失われて
しまうのではないかとイリイチは危惧する。こうして彼は社会全体の脱学校化
を主張する。

　イリイチによれば「脱学校化は、何を学ぶか、どのように学ぶかというこ
とについての管理権を個人に返すことを含まねばならない」[†2]（29頁）。つまり、
脱学校化とは、「生徒に教育内容を効果的に「注入する」ための新しい学校形

態を模索」[†1]（2頁）することではなく、「人間と環境との間に新しい様式の教育的関係をつくり出すこと」[†1]（136頁）にほかならない。では、イリイチが思い描く理想の教育とはどのようなものなのだろうか。

「すぐれた教育制度は三つの目的をもつべきである。第一は、誰でも学習をしようと思えば、それが若いときであろうと年老いたときであろうと、人生のいついかなる時においてもそのために必要な手段や教材を利用できるようにしてやること、第二は、自分の知っていることを他の人と分かちあいたいと思うどんな人に対しても、その知識を彼から学びたいと思う他の人々を見つけ出せるようにしてやること、第三は公衆に問題提起しようと思うすべての人々に対して、そのための機会を与えてやることである。」[†1]（140-141頁）——ここにはすでに生涯学習やICT教育の着想を確認することができる。

イリイチの脱学校論は、教育の形骸化に警鐘を鳴らしつつ、言葉の真の意味における児童中心主義の教育を模索しようとした建設的な試みであって、決して安易な教育批判ではなかった。それは、イリイチのこの脱学校論が実際にフリースクール運動の理論的支柱としての役割も果たすこととなった事実からも明らかであろう。

（4）　イリイチの再評価－ネット社会到来の予言－

もっとも、学校制度を撤廃するというイリイチの大胆な提案は、一時的に大きな話題になりはしたが、たとえばどこかの国の学校制度が完全に撤廃されるというような具体的改革につながることもなく、結局は実現不可能な提案に過ぎないという冷ややかな評価が下されることが多かった。

ところが、イリイチが亡くなった2002年頃から状況が変わり始める。その背景となったのは、インターネット社会の到来である。すなわち、学校社会とは異なり、インターネット社会では、何かを知りたい人が自由にアクセスしその知識を得る、すなわち主体が誰かに強制されて学ぶのではなく、まさに自ら主体的に学ぶことのできる仕組みが成立しているのである。これこそまさにイリイチがイメージしていた理想の教育のかたちではあるまいか。

この意味で、イリイチの次の言葉はきわめて興味深い。「最も根本的に学校にとって代わるものは、一人一人に、現在自分が関心をもっている事柄につい

て、同じ関心からそれについての学習意欲をもっている他の人々と共同で考えるための機会を、平等に与えるようなサービス網といったものであろう。」[†1]（44頁）——1970年の発言とは思えないほど、今日のインターネット社会を見事に予言していると言えよう。

　さまざまな情報機器やインターネットの登場によって、近代的な教育のあり方は大きく揺らぎ始めている。佐賀県において先進的に導入された「反転授業」——子どもたち一人ひとりにタブレットを持たせ、自宅で自学自習をさせたうえで【本授業】、学校ではその学びの確認作業を行う【復習】という授業形態のコペルニクス的転回——も、こうした文脈において理解すべきであろう。イリイチの脱学校論はいまようやく正当な評価を受けるべき時代を迎えたと言えるのかもしれない。

引用文献：

†1　イリイチ著　東洋・小澤周三訳　『脱学校の社会』　東京創元社　1977年。

†2　イリイチ・他著　松崎巖訳　『脱学校化の可能性－学校をなくせばどうなるか？』　東京創元社　1982年。

参考文献：

①　イリイチ著　尾崎浩訳　『オルターナティヴズ－制度変革の提唱』　新評論　1987年。

②　イリイチ著　玉野井芳郎訳　『ジェンダー－女と男の世界』　岩波書店　1987年。

③　イリイチ著　玉野井芳郎・栗原彬訳　『シャドウ・ワーク－生活のあり方を問う』　岩波書店　2006年。

【図表・出典】

★図7-5-1　Illich.I. 1972, *Entschulung der Gesellschaft,* München.

★図7-5-2　Illich.I. 1971, *Deschooling Society,* NewYork.

第8章　全体主義の時代と近代教育思想

１）ナチズムと学校田園寮活動

（1）　はじめに

　本節では、ヴァイマル期からナチス期におけるドイツの学校田園寮活動
（Schullandheimarbeit）の歴史を事例として、新教育とナチスの教育の関係に
ついて考える。第6章でみたように、進歩的な教育実践である新教育は、ナチ
スの教育とは本来正反対のものである。しかしながら歴史を探ると、新教育に
由来する実践がナチス体制下でも存続しているなど、両者には複雑な関係も見
られる。本節の主役である学校田園寮活動も、ヴァイマル期において新教育を
担った一方でナチス体制下でも存続した教育実践のひとつである。進歩的な教
育実践であっても、一歩間違えれば容易に全体主義的な教育体制に取り込まれ
る可能性があることについて学ぶのが本節の課題である。

　それでは本節の主役である学校田園寮活動とはどのようなものであろうか。
簡単に説明すると、学校等が田園地域に設けた「学校田園寮」と称される宿泊
型の教育施設に子どもが学級を基本的な単位として1〜2週間滞在し、自然
豊かな環境の中で多岐に亘る活動（周囲の環境を生かした教科教育、スポー
ツ、水浴、散策、遠足、歌唱、菜園活動など）を行うとともに、集団での共同
生活を経験することで、通常の学校では得られないような教育効果を得ること
を目的とした教育実践である。第6章第
3節で取り上げているドイツ田園教育舎
と似ていることが分かるが、実際に学校
田園寮活動はドイツ田園教育舎から大き
な影響を受けており、田園教育舎での教
育活動を一時的に提供するものが学校田
園寮活動であるという見方は可能であろ
う。なお、学校田園寮活動は今日まで続
いており、本格的に始まったのがヴァイ
マル期であることを考えると、少なくと

★図8-1-1　学校田園寮の光景（バート・
オルプにある「フランクフ
ルトのヴェクシャイデ学校
田園寮」）

も100年以上の歴史を有する教育実践ということになる。

　以上のことを踏まえ、ヴァイマル期からナチス期にかけての学校田園寮活動の歴史を見ていきたい。

（2）　ヴァイマル期の新教育としての学校田園寮活動

　学校田園寮活動は、第二帝政期から各地で教員を中心として行われていたものの、本格的に開始されたのはヴァイマル期である。とりわけ、1925年10月6日～7日に学校田園寮活動関係者が一堂に会して初めての全国会議がベルリンで開催されたことを承け、翌1926年10月1日～3日のデュッセルドルフでの2回目の全国会議の場で「ドイツ学校田園寮全国連盟」（以下、全国連盟）が発足したことが、学校田園寮活動を進める上で大きかったといえる。というのも、全国連盟の創設によって、学校田園寮活動の全国的なネットワークが形成されたからである。

　全国連盟のトップに当たる理事長にルドルフ・ニコライ（Rudolf Nicolai, 1885-1970）が、副理事長にカール・マッツドルフ（Carl Matzdorff）がそれぞれ就任し、理事にはハインリヒ・ザールハーゲ（Heinrich Sahrhage, 1892-1967）ならびにテオドール・ブレックリング（Theodor Bleckling）をはじめ5名が選出された。理事長、副理事長と5名の理事によって「全国指導部」が結成され、彼らが学校田園寮活動の中核を担った。全国連盟の活動として特に指摘できることとして、全国会議の開催（1928年10月に第3回、1930年10月に第4回会議が開催された）、ニュースレターならびに機関誌の発行（1927年10月より）、そして全国の学校田園寮活動を写真付きで紹介した『イラスト入りハンドブック』の刊行（1930年）などが挙げられる。全国連盟は、こうした活動を通して、各地の学校田園寮活動をつなぐとともに、その存在を世間に広めていった。

　また、ドイツにおける新教育の中での学校田園寮活動の重要な特徴は、特定の私立学校や一部の実験的な公立学校での

★図8-1-2　ルドルフ・ニコライ

実践ではなく、一般的な公立学校での実践だったことである。すなわち、決して学校田園寮活動は新教育の中心とはいえなかったが、新教育の理念を普及するという点では大きな役割を果たしていたといえるのである。

　以下、ヴァイマル期の学校田園寮活動の目的や、学校田園寮活動に込められた思いについて、5点に纏めて検討したい。

　1点目は、知識の教授に偏重した教育から脱却したうえで、身体教育や性格形成ならびに公民教育などを重視することである。この点に関わってニコライは次のように述べる。「学校はその役割を拡大させる義務を負っている。学校は知識の伝達者であるだけでなく、むしろ子どもの身体鍛錬を助けるものであり、とりわけこれまでよりも真の意味での『教育者』としての側面が強くなるであろう。そして『学校田園寮』という言葉は、同時にひとつの新しいプログラムを意味しているのである」[†1]。こうした言葉に見られるように、学校田園寮活動は、従来の教育の大きな改革を目的とした実践であることが分かる。また、「真の意味での「教育者」としての側面」という言葉を通してニコライが特に意図しているのは、子どもに寄り添いながら彼らの性格形成に寄与していくことであるが、それが可能であるのは、学校田園寮において教師と子どもが生活を共にするからである。そしてそうした共同生活を通じて、集団の中で持ちうる権利や、集団の中で果たさなければならない義務を子どもは学ぶことができるので、学校田園寮活動は格好の公民教育の場にもなるとニコライは考えている。

　2点目は、書物や教科書に基づいた学習ではなく、周囲の自然を生かすとともにその土地に根差した体験型・課題探究型の学習を実施することである。具体的には、実際に自分でその土地の動物や植物を観察するような理科の学習や、その土地を実際に自分で歩いて調べるような歴史や地理の学習が構想されている。こうした教科教育の改革について、ザールハーゲは、「学校田園寮では自立的な思考と批判的な吟味が養われ、本の知識と、その多かれ少なかれ思考を欠いた暗唱から自由になる」[†2]ことや、「（学校田園寮では）最早決められた宿題が宛がわれることはなく、子どもは自ら対象へと赴き研究する。子どもの活動は独立し、生産的な活動へと切り替えられる」[†3]ことを述べている。彼は、子ども自身が考える余地のない暗唱するだけの教育や、宿題に象徴されるよう

な教師が一方的に課すだけの教育を否定したうえで、子ども自身が課題を見付けて自ら探求するような教育を主張しており、学校田園寮での教育が子どもを主体としたものであることが垣間見られる。

　3点目は、教師と保護者ならびに子どものつながりを創出することである。すなわち、学校田園寮の形態上の大きな特徴として、原則として学校ごとに所有するという点が挙げられるが、そうした各学校固有の学校田園寮を協力して運営することで、三者のつながりが生み出されると考えられているのである。それゆえ学校田園寮活動は、学校と家庭の連携・協働や、子どもによる学校参加の先駆的な試みとして位置付けることができる。なお、ザールハーゲは、学校田園寮滞在中の子どもの活動の一つに、学校田園寮の改築や修復ならびに部分的な新築を挙げている。こうした考えからは、子どもは学校田園寮における単なる「お客さん」ではないという意図が伝わってくる。

　4点目は、子どもの健康の増進に資することである。田園地域に一時的に滞在する学校田園寮活動には、教育的要素に止まることなく福祉的要素も込められていたのである。第一次世界大戦の敗戦によって特に環境が悪化していた首都ベルリンや、ドイツ最大の工業地帯を抱えるルール地方では、学校田園寮活動に対してとりわけ強く子どもの健康の増進を求めていた。この点について、学校田園寮活動を支援したベルリン市長のイェンス・ニュダール（Jens Nydahl, 1883-1967）は、次のように述べている。「今日、学校田園寮の設立は、少なくとも大都市において自明のことになった。戦後（第一次世界大戦後－筆者）、大都市の青少年への極めて強い保養の必要性が露になったとき、青少年福祉に関心を向けているすべての団体にとって、田園地域での滞在の機会を子どもに与えることの不可欠さが明らかとなった」[†4]。

　5点目は、4点目までとは違って肯定的なものとはいえないが、子どもの民族意識を涵養（かんよう）することである。こうした目的は、田園地域と必然的に重なることになる国境周辺地域に建てられた学校田園寮に特に当てはまるものであり、そこでは、ヴェルサイユ条約によって変更された現在の国境線への「違和感」を子どもに植え付けることにつながるような、国境の向こう側の「在外ドイツ人」との交流が教育活動の一環として行われていたのである。決して第一義的な目的ではないが、ヴァイマル期の学校田園寮活動にはこうした目的も込めら

れていたことを指摘しておきたい。

（3）　プロイセン文部省および文相ルストの学校田園寮活動への認識

　1933年1月30日にヒトラー政権が成立した。冒頭に述べたように、他の多くの新教育とは異なり、ナチスの権力掌握によって学校田園寮活動が終焉を迎えることはなかった。その理由は、学校田園寮活動がナチスにとって利用できるとみなされたからである。その点に関して、1933年10月4日付けでプロイセン文部省が出した学校田園寮奨励令と、1933年10月7日にプロイセン文部大臣ベルンハルト・ルスト（Bernhard Rust, 1883-1945）が行った、ナチスの権力掌握後初の全国連盟による全国会議となる第5回会議における演説を通して検討したい。なお、ルストは、1934年5月1日にライヒ文部省（国の文部省）が設立された際には大臣に就任し、ヒトラー政権の崩壊までその地位にあった人物である。

★図8-1-3　ベルンハルト・ルスト

　学校田園寮奨励令では、ナチス体制下での学校田園寮活動の「役割」が冒頭で次のように述べられる。「新しい民族的な学校（ナチスの学校－筆者）の課題は、健全な人種的な力を、覚醒させるとともに政治的に目的意識が明確な形で育成させることを通して、ドイツの青少年を郷土、民族、国家へと組み込むことである。子どもが学校田園寮において共同生活を送る中で僚友関係や自己規律が形成されることから、学校田園寮活動はこの課題に対して大いに貢献することができる」[5]。引用文中の「僚友関係」（Kameradschaft）は、仲間同士のつながりを意味する一般的なドイツ語でありナチスの用語ではないが、一方で戦友関係という側面を色濃く持つ同志的なつながりを意味するものとして、ナチスが積極的に強調した概念でもある。また自己規律は、ニコライが考える学校田園寮での共同生活を通じて学ばれる「義務」の代表的なものであろう。そのような僚友関係や自己規律が形成されることを強調することで、郷土・民族・国家に奉仕する人間の育成を目的としたナチスの教育に、学校田園寮活

動が容易に組み込まれていったのである。

　冒頭の文章に続き、学校田園寮活動の持つさらなる「可能性」が次のように述べられる。「さらに学校田園寮は、もし意識して地元の住民との結び付きを求め、そしてその土地から孤立しないのであれば、都市と農村との対立の架け橋のために働き、土地との結び付きから生じる血と土の教育力を強めることができる」[†6]。「血と土」（Blut und Boden）とは、ヒトラー政権下で食糧・農業大臣を務めたリヒャルト・ヴァルター・ダレ（Richard Walther Darré, 1895-1953）が広めたものであり、同じ民族をつなぐ「血」を強調するとともに、そうした民族が脈々と根差してきた「土（土地・祖国）」を重視したナチスのスローガンである。また「血と土」は、特に農民の生き方を讃える思想であり、その背景には都市化に対する批判があった。都市から離れた田園地域に滞在し、その土地（土地柄農民が多い）に根差した教育活動を行うという学校田園寮活動の立場が、こうしたナチスの「血と土」との文脈で捉えられたのである。

　以上のことを踏まえたうえで学校田園寮奨励令では、学校田園寮活動を支援するための指針を4点挙げており、特に重要なものが、次のような第1指針である。「学校田園寮は、健康や学習を目的として実施されるのではなく、むしろ第一に、民族的・政治的な目的のために実施される。とりわけ国境地域における学校田園寮の設立と拡張、国境地域におけるドイツ的な意識をもった子どもたちとの交流、ならびにドイツ民族を意識した政治的共同体の強調といったことが、そうした目的から強く要請されるべきである」[†7]。先に述べたように、ヴァイマル期の学校田園寮活動においても民族意識を涵養（かんよう）させるという目的が確かに見られたが、それは一部であり、学校田園寮活動の主眼は「学習」や「健康」の方に置かれていた。ところがナチスはそうした目的を明確に否定したうえで、民族意識の涵養（かんよう）という目的を強調することで、学校田園寮活動を利用できるものと捉えたのである。実際にこうした指針を裏付けるように、バイエルンはヴァイマル期には学校田園寮活動が全く低調であったにも関わらず、東部においてチェコスロヴァキアとの国境を有することから、ナチス期には多くの学校田園寮が設置されていった。

　続いて、1933年10月7日〜9日の日程でハノーファーにて開催された、全国連盟の第5回全国会議の冒頭でのルストの演説に言及したい。ルストは学校田

園寮活動の「意義」を次のように述べる。「学校田園寮は確かに調和のとれた人間を追求してきましたが、古い学校はそうした人間をこれまで教育してきませんでした。私自身はもはや教育の古い形態を信用しなくなりました。…授業において教育は十分考慮されず、知識（を得ること‐筆者）においても性格は十分考慮されません！しかしながら性格への教育こそが重要なのです。それゆえ新しい学校は、学校田園寮と同じ一つの重要な課題を持っています！性格は授業においてではなく生活において育まれます」[†8]。

　このルストの言葉からは、新教育としての学校田園寮活動が、ナチスの教育に合致するように解釈されていることが分かる。ナチスの教育は、ヒトラーの『わが闘争』でも述べられているように、学問的な知識の教授を無用のものとして軽視する一方、「将来の兵士」ないし「将来の兵士の母」を育てるべく身体の鍛錬を重んじるとともに、意志力や決断力の育成を中心とした性格形成を重視するものであった。ルストが、知識の教授がなされるだけであるとして授業を否定的に位置付けたうえで、今後の学校の「課題」として性格形成を強調したのはそのためである。一方で先に確認したように、学校田園寮活動は、従来の学校が知識の教授に偏重してきたことへの批判の上に立ち、身体教育や性格形成を重視するものであったが、こうした新教育全般に通ずるような考え方を、ナチスは自らの教育観を支えるものとして巧妙に利用したのである。

　ナチスの教育観に合致するような新教育の解釈という点からみて、ルストが、第6章第3節で取り上げたヘルマン・リーツに、学校田園寮活動と関連付けて次のように言及していることも注目される。「血と土は民族の根源です。既にリーツがそれを求めたように、我々は青少年をそこへと連れ戻そうではありませんか！リーツの精神は今日、学校田園寮においてもまた生き生きと保たれています」[†9]。このようにリーツもまた、田園地域においてその土地に根差した教育を重んじたことから、「血と土」の文脈で捉えたのである。

　以上、学校田園寮奨励令ならびに文相ルストの言葉を例に取りながら、学校田園寮活動との親和性をナチスが見出していたことを確認した。ただしプロイセン文部省を引き継いだライヒ文部省とルストは、1934年末頃からナチスの青少年組織（1936年12月以降は国の青少年組織になる）である「ヒトラー・ユーゲント」や、それを管轄したライヒ青少年指導部とともに、学校田園寮活動に

否定的な立場を取るようになる。その際に特に「問題視」されたのが、教師と保護者ならびに子どものつながりを創出させる、各学校単位で所有するという学校田園寮の形態である。ライヒ青少年指導部は、学校田園寮を、自らが管轄下に置いたユースホステルとともにナチ的な青少年の育成の場として利用しようとしたのであるが、青少年の一元的な管理を目論むライヒ青少年指導部にとって、学校単位での使用を原則とする学校田園寮の形態が「問題」となったのである。そうしたライヒ青少年指導部の動きに与したということは、ルストやライヒ（プロイセン）文部省が学校田園寮活動について本質的に理解していないことの表れであり、ナチスにとっては、学校田園寮が、ナチ的な青少年の育成のための「場」を提供できさえすれば十分であったのである。

(4)　学校田園寮活動の指導者とナチスの関係

　ナチスの権力掌握後も学校田園寮活動が終焉しなかったと述べてきたが、学校田園寮活動の担い手に変化はあったのであろうか。結論からいえば連続性が見られる。マッドルフは離れているものの、ニコライについてはナチスの政権掌握後も全国連盟のトップであり続けたし、ルストを来賓として迎えた第5回全国会議の開催に尽力したのもニコライであった。また、ニコライ自身の積極的な働きかけもあって、ナチス期に教員を統括した「ナチス教員連盟」に全国連盟が取り込まれた結果、ナチス教員連盟内に「学校田園寮」の部署が設けられたが、そのトップである全国専門担当官はニコライで、副専門担当官はブレックリングであり、ザールハーゲも雑誌・文書編纂の担当を務めた。

　また、彼らはナチスにも入党し、明らかにナチスやナチズム（国民社会主義）を支持する見解を示していた。たとえばニコライは、ナチス教員連盟の機関誌『ドイツ教育者全国誌』において、「国民社会主義の根本思想から学校田園寮へと明確な一本の線がつながっている」[†10] ことや、「国民社会主義下の学校は、学校田園寮の根本思想と合致するものである」[†11] ことを記しているが、こうした学校田園寮活動とナチスとのつながりを強調する言説は随所に見受けられるものである。そして彼らは、学校田園寮活動でなされる公民教育をナチスの民族共同体を支えるものとして位置付けるとともに、学校田園寮滞在が生み出す健康への寄与を「民族の健康」に資するものとして解釈するなど、新教育とし

ての性格を捨ててでも、ナチス体制下で継続させるために、学校田園寮活動を
ナチスの思想に合致させていった。その結果、ナチス体制下でありながら、学
校田園寮活動は存続していった。

　しかしながら、第二次世界大戦の開戦を契機として、学校田園寮活動は休止
を余儀なくされた。そうした中で学校田園寮活動の指導者たちが目を向けたの
が学童疎開であった。第二次世界大戦下の日本における学童疎開は文学作品や
映画等を通じても良く知られているが、学童疎開が実施されていたのはドイツ
も同様であり、1940年10月から、6歳〜14歳の子どもを対象として開始された。
都市を中心に、連合軍の空襲によりドイツが甚大な被害を受けたことを考える
と、学童疎開によって多くの子どもたちの生命が守られた点は否定できない。
しかしながら、親元から引き離されて共同生活を送る学童疎開キャンプにおい
て、子どもたちのナチ化が進められたこともまた事実である。それゆえ学童疎
開は、単純な「美談」のみで語ることはできないものである。

　学校田園寮活動の指導者たちは、このような学童疎開を否定しなかったどこ
ろか、逆に学童疎開に積極的に関与していき、学童疎開キャンプとしての学校
田園寮の使用を進めていったのである。その際に特に注目されるのがザールハ
ーゲであり、学童疎開の主要な送り出し地となっていたハンブルクを拠点とし
ていた彼は、当地の学童疎開の実質的な責任者を務め、学校田園寮活動の同志
を受け入れ地に派遣することによって、ハンブルクの学童疎開体制を構築して
いった。

　ザールハーゲらが学童疎開に積極的に関与した根拠は、学校田園寮活動も学
童疎開も双方ともに「田園地域で集団生活を送りながら教育活動が行われる」
という点で共通していることから、両者を同一視できるとみなしたことにある。
戦時中に生まれたナチスの国策であり、本来的には教育活動とはいえない学童
疎開も、彼らの中では学校田園寮活動と同じく新教育に根差した「進歩的な教
育活動」と捉えられたのである。この点においてザールハーゲらは、予想より
も浸透しなかった学童疎開を「美化」させることに寄与したといわざるを得な
い。そして彼らは学校田園寮活動を実施するかの如く学童疎開に従事しており、
大戦によって停止した学校田園寮活動を復活させたいという「熱意」が、学童
疎開を推し進めるという事態を生み出してしまったのである。

（5）　おわりに

　以上、本節では、ヴァイマル期からナチス期にかけての学校田園寮活動の歴史を検討してきた。学校田園寮活動は、ドイツ田園教育舎の影響等を受けながらヴァイマル期に本格的に開始され、当代の新教育の一翼を担う形で発展してきた。しかしながら、新教育とナチスの教育は本来全く異なるにも関わらず、プロイセン文部省や文相ルストによってナチスの思想と結び付けられて解釈されるとともに、学校田園寮活動の指導者も学校田園寮活動の存続のために学校田園寮活動をナチスの思想と結び付けた。進歩的な実践であっても解釈が変えられることによって容易に誤った方向に向かってしまう可能性があるということを、学校田園寮活動の歴史は私たちに教えてくれる。

引用文献：

†1　T. Blecking（Hrsg.）: *Illustriertes Handbuch,* Kiel 1930, S. 14.

†2　H. Sahrhage/W. Berger（Hrsg.）: *Werden und Wirken der deutschen Schullandheimbewegung. Auszüge aus ihrem 25 jährigen Schrifttum,* Bremen 1950, S. 12.

†3　Ebenda.

†4　T. Bleckling（Hrsg.）: *Illustriertes Handbuch,* Kiel 1930, S. 30.

†5　Der preussische Minister für Wissenschaft, Kunst und Volksbildung. U II C Nr. 2580, den 4. Oktober 1933, in: Bundesarchiv Berlin NS12/1381.

†6　Ebanda.

†7　Ebanda.

†8　Reichserziehungsminister Bernhart Rust sprach auf 5. Reichstagung der deutschen Schullandheime in Hannover, in: Bayerisches Hauptstaatsarchiv MK42607.

†9　Ebenda.

†10　R. Nicolai: Das Schullandheim im neuen deutschen Erziehungswerk, in: *Reichszeitung der deutschen Erzieher. Nationalsozialistische Lehrerzeitung,* Jg. 1934, 8. Folge, S. 39.

†11　Ebenda.

参考文献：

① 江頭智宏「1930年代ドイツにおけるシュールラントハイム」『日本の教育史学』第46集、241-259頁　2003年。

② 江頭智宏「ヴァイマール時代におけるシュールラントハイムの活動状況について－その多義性・多様性を中心として－」『国際教育文化研究』第３巻、15-26頁　2003年。

③ 江頭智宏「第二次世界大戦下ドイツ・ハンブルクの学童疎開への学校田園寮運動の関わりに関する考察－ハインリヒ・ザールハーゲの学童疎開認識に焦点を当てて－」『名古屋大学大学院教育発達科学研究科紀要（教育科学)』第64巻第２号、67-81頁　2018年。

図表・出典：

★図8-1-1：筆者撮影

★図8-1-2：S. F. Hilbert 2013, *Lesebuch Umwelt. Der Reformpädagoge Rudolf Nicolai. Ein Leben für das Schullandheim,* Books on Demand GmbH.

★図8-1-3：A. C. Nagel 2012, *Hitlers Bildungsreformer. Das Reichsministerium für Wissenschaft, Erziehung und Volksbildung 1934-1945,* Fischer Taschenbuchverlag.

２）ナチズムとフレーベル主義幼稚園

⑴　ナチズムの教育思想

　1933年に全権を掌握するヒトラーは、『わが闘争』（ドイツ語版第二部は1926年刊行）で次のように述べていた。「民族主義国家の教育は…まず第一に身体的訓練に重点を置き、次に心的に、最後に知的価値の促進に重点が置かれる。女子教育の目標は、何と言っても母となることである」（ヒトラー：209）。一に体育（Körper）、二に徳育（Seele）、三に知育（Geist）そして「産む性」としての女子教育がヒトラーの教育観である。

　ナチズムは身体的教育（体育）を最も重視した。男子は将来の兵士として、女子は将来の子を産むものとして。そして軍隊を最高の学校と見なした。少年団（10-14歳）やヒトラー・ユーゲント（14-18歳）、少女団（10-14歳）や女子青

年団（14-21歳）は軍隊式に組織された。

　心的教育（徳育）は、全ての青少年を民族共同体（Volksgemeinschaft）へと教育することを目的とする。民族共同体とは、人種学、遺伝学を基盤に支配民族としてのドイツ民族の優秀性、反ユダヤ主義、反共産主義（後には反自由主義）を標榜する。この教育を第三帝国内務相フリック（Wilhelm Frick、1877-1946）は、ドイツ国民教育（deutsche Nationalerziehung）と呼び、国家への奉仕を徳育の第一とした。ヒトラーは『わが闘争』で、将来の兵士となる第三帝国の青少年にとって、誠実、献身、意思力、決断力、責任感と並んで愛国心の重要性を説き、人種的意識や人種的心情を教育活動のなかで目覚めさせ、「血の単一性の必要と本質について最終的な認識を得ないで学校を出してはならない」（ヒトラー:222）と述べる。ナチズムにおいて「個」は、「全体」のなかに埋没する。

　ヒトラーは働く女性を否定した。そしてアーリア人の血統を重んじて出産することが、補助金その他で奨励された。女性は4人の子どもをもって初めて一人前とされ、4人以上は銅、6人以上は銀、8人以上は金のドイツ母親名誉十字章が授与された。「糸巻きの音にまじってメルヘンが語られ、古い格言が話され、民族舞踊が踊られ、民謡が歌われる」家庭が理想とされた（G・Uhlich：364）。子を産み、家庭を築く女性を育てる女子教育をナチズムは重視した。幼稚園はあくまで家庭の教育を補うに過ぎない位置づけだった。このようなナチズムの教育を幼児教育関係者は、積極的に実現しようとした。いや、ナチス党が求める以上に、幼稚園関係者はある意味、生き残りをかけて擦り寄っていった。

(2)　幼児教育の「強制的同質化」（Gleichschaltung）

　教育の「強制的同質化」は、教育の思想、内容、制度の全てをナチズムの支配下に従属させることを意味する。

　ミュンヘンのドイツ幼稚園はその100周年誌（1940）において、「教育が国家社会主義ドイツそのものにおいてと同じように、幼稚園も、本質的に政治的な教育手段である。幼稚園において、国民社会主義的人間指導の全ての原則が具体化される」（Festschrift：2）と謳った。国民社会主義公共福祉局

（Nationalsozialistische Volkswohlfahrt＝NSV）は、1933年に NSDAP（国民社会主義労働者党＝ナチス党）の福祉部門として設置された。やがてナチによる軍需産業の振興と大戦の勃発は、第三帝国の女性労働の必要性を増した。

　NSV は、乳幼児の保育需要に応えるべく、保育と保姆養成の全てを統括していく。クアヘッセン地方の NSV 長官だった医師 R・ベンチンは、「幼い男子は、将来的にはドイツの兵士となる。幼い女子はドイツの母となる」、「国家社会主義的な意味で育てられた子どもは、今までの全ての子どもよりも、健康で、強くて、美しくて、有能で、信頼できる」（R・Benzing：40）と述べ、幼児教育を通してナチズムへの忠誠を誓った。

　1930年代初頭、ドイツの就学前施設は、幼稚園（Kindergarten）、託児所（Hort）、託児室（Kinderkrippe）、学童保育施設（Heim）などがあった。その幼稚園も、公立もあればプロテスタントやカトリックによるものあった。NSV は、当初は農繁期幼稚園を中心に、次第にこれらの就学前施設を吸収していく。ナチス党によって資金も豊富で、夜間や祝日の保育、場合によっては自宅への出張保育も行った NSV は、乳幼児死亡率（とくに母子家庭のそれ）を減少させ、ドイツ国民の支持を得ていった。例えばシュレージエンでは1934年に５園だった NSV 幼稚園は、36年には442園に増加している（W・Grossmann：75）。ただし、ユダヤ人の子どもは幼稚園の登園を禁止され、公的な遊技場の利用も禁止された。

　ナチズムは、カトリックやプロテスタントなどの宗派幼稚園を抑圧し、モンテッソリやシュタイナーなど、私立の自由や創造性を重視する幼稚園を否定した。このことにより、前者は1936年頃に、後者は1938年頃にその活動を停止し、NSV 幼稚園に取って代わられた。ただしフレーベル主義は、彼の民族解放思想や共同体感情が換骨奪胎され、ナチズムの思想的先駆として高く評価された。

　教育の強制的同質化は、教員組織にも及び、幼稚園女教師たちも、ナチス党傘下の NSLB（国家社会主義教員連盟）に所属した。フレーベル幼稚園の運営母体だったドイツ・フレーベル連盟も NSLB に統合されていった。

　ナチズムによる軍事大国化と第二次大戦の勃発は、兵役のために工場を去る男性に代わって女性労働の必要性を促した。女性労働力の需要増は、保育の需要増と保育者不足となってあらわれた。NSV は既存の幼稚園ゼミナールを取り込み、NSV ゼミナール（1942年からは幼稚園専門学校）として幼稚園教員

や託児所等保姆養成に取り組んだ。生徒は16歳以上でアーリア人の血筋をもち、BDM（ドイツ女性同盟）などのメンバーであることが求められた。２年制で、最初の１年間は寄宿舎で共同生活をしながら、保育現場の実習が重視され、民族学、遺伝学や人種学など国民社会主義的価値観に適う教科が講義された。彼女らは、幼児の保育を担うだけでなく、母親たちに民族共同体の思想を浸透させる役割も期待された。

（3）　ナチズム下の幼児教育の内容

　ナチズムは体育を重視し、その次に徳育を、そして知育は軽視した。『わが闘争』を見るかぎり、ヒトラーが子どもの出生や血統、健康以外に幼稚園教育に特別に期待している様子は伺えない。当時の日本の文部省も『幼児保育に関する諸問題』（1942）のなかで、「ナチスが幼稚園に於て特に心掛けているのは保健である」とし、①健康診断、②給食、③清潔、④体操などの身体訓練をあげている。したがって幼稚園関係者は、健康的側面を中心に生き残りをかけて、積極的にナチズムの教育に自らを適合させていった。

　まずは体育。「芯から健康な身体の鍛錬」（Heranzüchter kerngesunder Körper）を幼児期からはかり、将来の兵士と兵士を産む母を育成することが目指された。体操や遊び（ボール遊び、かけっこ等）が賞賛され、「自然の治癒力」を利用した屋外での日光浴や乾布摩擦などが推奨された。医師ベンチンは「子どもの鼻風邪が心配だからと小部屋に留まるような女教師は、私たちの明白な、自然な、鍛錬的な、そして子どもの意志を強固にする身体教育を決して理解しないだろう」（R・Benzing：30）と述べた。

　子ども集団の遊びでは規律を用いた、「命令と従属」（Führertum u. Gefolgschaft）が重視された。集団遊びはやがて軍事化していく。雑誌『幼稚園』（Kindergarten 1940：83）には「私たちの子どもは戦争を体験する」と題して、保育者と子どもによって為される次

Ehrenwache am Grab des gefallenen Kameraden. Quelle: Ida-Seele-Archiv

★図8-2-1　英霊ごっこをする子どもたち、M・Berger（2015）より

のような「戦争ごっこ」が描かれている。

　　せんせいは、子どもたちに制服を着せた。それから、兵営の教練に参加
　した。男の子ロルフには、もう指揮官の資質が認められる。彼は、大尉と
　して閲兵した…いまや彼らがしているのは兵士ごっこではなく、兵士その
　ものである。部屋ではその間、数人の子どもがせんせいと一緒に、砲兵陣
　地をつくる。礎石は、半月形に壁に向けて積み重ねられ…陣地では兵士が、
　簡単に作られた大砲に、紙の砲弾を玉込めする。

　カトリックの幼稚園教育雑誌『子どもの家』（Kinderheim 1940：38）では、
次のような戦争ごっこが描かれている。

　　子どもたちは、兵士の行進や敬礼のまねをする。彼らは飛行機遊びをし
　て、ブンブンと騒いで屋根の上を「飛び」、爆弾（砂袋）を投下する。空
　襲のシーンはこうだ。一人の子どもが、ほんものそっくりのサイレンのま
　ねをして、他の子どもたちはもう、自分たちで机や椅子でつくった「防空
　壕」に入り込む。私たちの幼稚園児は、橋、飛行場、兵営を造る。彼らは
　飛行機や戦闘艦を折り紙でつくる…子どもたちは自らの遊びを通して成長
　する。がんばり、忍耐が試される。熟考、決断、助言、指示。遊びから子
　どもは、計画を立てること、決断すること、沈着冷静であること、命令す
　ることといった課題の前に身を置く…子どもの遊びと生活の関係は、戦争
　と演習の関係と同じだ。

　また、けんかも奨励された。「すでに４歳で遊びで邪魔されず、必要なら殴
りかかることができるような子は、民族主義の隊列において戦士となることが
約束された。民族は、彼の戦闘の資質を、名誉と所持のための闘いにおいて計
算することが出来た」（Kindergarten 1939,S.66）。園児たちは、将来の兵士た
るべく身体を健康にされ、その遊びも暴力礼賛・軍事化されていった。子ども
への体罰も合理化された。
　次に徳育。幼稚園児は、①ヒトラーへの忠誠につながる「命令と服従」の指

導者原理（Führenprinzip）、②民族共同体意識と愛国心そして反ユダヤ主義を
目標に教育された。

　まず①「ヒトラーへの忠誠」：質素な食事でも不平を言わずに食べることは、
戦争に貢献することだと教えられた。幼稚園にはヒトラーの肖像画が掲げられ
たヒトラー・コーナーがあり、毎朝、次のような祈りが教師によって捧げられ
た（R・Benzing：43）。

　　　私たちの総統を私たちは愛する
　　　私たちの総統を私たちは讃える
　　　私たちの総統に私たちは従う
　　　そうして私たちは大人になる
　　　私たちの総統を私たちは信じる
　　　私たちの総統のために私たちは生きる
　　　私たちの総統のために私たちは死ぬ
　　　そうして私たちは勇士になる

　　　怪我をしても泣かない人を
　　　総統は喜ぶ
　　　勇気があって、勇敢な人を
　　　総統は愛する
　　　他人をけなしたり悪し様に言う人を
　　　総統は悲しむ
　　　よい仲間意識をもつ人を
　　　総統は愛する

　ヒトラーの誕生日には、特別に盛装した園児たちが彼の肖像の前で敬礼した。
またヒトラーの肖像が各家庭に配られた。

　次に②「民族共同体意識と愛国心そしてユダヤ主義」：幼稚園児は、典型的
な「ドイツ（ゲルマン）の性格と態度」へと教育されねばならなかった。例えば、
適応力、共同体感情、従順、勤勉、協調性、規範意識、規律、清潔さ、責任意識、

行動力、権威に対する従順さと畏怖、祖国や祖国の総統アドルフ・ヒトラーへ
の愛、倹約、自己犠牲など。だから幼稚園では、絵本や人形劇、メルヘンなど
でドイツ民族の優秀性と人種イデオロギーが語られた。例えば『シンデレラ』は、
人種的に純潔な乙女と異人種の継母の争いとされ、シンデレラを助けた王子は
人種的に直観を保持していたとされた。その一方でユダヤ人を醜悪で悪人と描
く『毒キノコ』のような絵本が広く家庭や園で読まれた。例えば同書では次の
ような母子の会話が載せられている（Der Giftpilz 1938）。

　　お前は知ってるのかい？誰が悪い人間で、このような人間の毒キノコを。
　　もちろんさお母さん！知ってるとも。ユダヤ人だよ。ユダヤ人の目は盗っ
　　人のようで鋭い。ユダヤ人の鼻は尖ってねじ曲がっている。ユダヤ人の目
　　を見れば悪人だと分かるよ。

　日々行われるハーケンクロイツ旗の掲揚は次のように位置づけられた。「羽
ばたいている旗は、呼びかけであり責務であり…仲間意識を目ざませ、任務に
就く人間の目と心を、民族共同体の偉大な目的へと導く。旗の掲揚は、新たな
生活様式であり、戦闘意識の形成は信仰告白である。訓練された外的な態度は、
目覚め再発見した北方人種の魂の全ての内的態度の必然的発露である…旗の掲
揚は、国民社会主義的態度のトレーニングであり、共同体の訓育形式である」
（Kindergarten 1937：71）。
　戦争に協力する象徴的な行為として園児による金属品回収も行われた。ニッ
ケル製の貯金箱やアルミのおもちゃなどを園児は自宅から運んできた。そして
市街をパレードしてナチス党に寄贈した。その様子を雑誌 Kindergarten は次
のように記している（Kindergarten 1940：83）。

　　４歳の幼児は、宝物をもってきた。それは、母親が言ったように、もう
　　７時には手に持っていて、目を輝かせながら喜んで持参したものだ、その
　　子は、引き渡しの時間をほとんど待てなかったのだ。このような現象によ
　　って実現したのは、やっと３歳かそこらの最も幼い子でも、組織化された
　　ことである。蹄鉄、重いニッケルの貯金箱、金属のおもちゃ、錫の兵隊さん、

アルミニウムなどたくさんの、子どもの宝物が、喜んで差し出された。時計の箱、ドアの鈎、ドアの取っ手、水道の栓が集められ、不足するものは多くなかった。そして、子どもたちは両親の同意無くして、ベットの金の玉を取り外した…子どもたちは当初、多くの金属が必要だと急かされたが、そのことで子どもたちは、戦争に使う榴弾や大砲など、知るべき、興味深いことについて理解出来た。

　ドイツファシズムでは、幼稚園関係者はナチズムの意向を「忖度」して、子どもを将来の兵士や、その兵士を産む母として身体を鍛え、ヒトラーへの忠誠と、ドイツ民族の優秀性や反ユダヤ主義を唱える民族共同体意識へと教育していったのである。

（4）　ナチズムと幼稚園から何を学ぶか

　1990年頃、東西冷戦は終焉したと言われた。それは「歴史のおわり」（フランシス・フクヤマ）とも称され、資本主義と社会主義のイデオロギー対立が終わりリベラルな民主主義で世界が統一されるだろうというものであった。しかしそれから30余年の現実はどうだったか。資本主義の一人勝ちは新自由主義という貪婪な強奪資本主義を生み出し、世界は一層の格差社会（階級社会）に突き進んでいる。今日の中ロの台頭は、このような強奪資本主義への対抗として専制主義、権威主義による国民支配が行われていると言える。当然、そこに見られる教育は支配層批判を許さない、強権支配を可能とする教育である。今日、ナチズムに見られる全体主義とその教育を考察することは、これら専制主義、権威主義国家の教育の行く末を知ることにも繋がるであろう。

参考文献：

① ヒトラー、平野他訳　『わが闘争2』　黎明書房　1961年。

② *Festschrft zur Hundertjahrfeier des deutschen Kindergartens 1940*, Hrg. v. Reichswalter des Nationalsozialistischen Lehrerbundes Gauleier Wächtler,München.

③ Richard Benzing 1942, *Grundlagen der körperlichen und geistlichen Erziehung des Kleinenkindes im nationalischen Kindergarten,* Berlin.

④　Gottfried Uhlig 1986, Vorschulerziehung und Kindergärten in den Jahren der faschistischen Herrschaft, IN *Beiträge zur Geschichte der Vorschulerziehung,* DDR..

⑤　Wilma Grossmann 1987, *Kindegarten=Eine historisch-systematische Einführung in seine Entwicklung und Pädagogik,* Weinheim und Base.

⑥Manfred Berger 2015, *Gelobt sei alles, was hart macht !,* Akademieverlag.

⑦Manfred Berger 2019, *Der kindergarten im Nationalsozialismus,* Cuviller Verlag Göttingen.

⑧勝山吉章「ドイツ第三帝政期における幼児教育の概要」『福岡大学研究部論集B10』2019年。参照（なお、第三帝国を第三帝政としたのは、K.F.Nowak 1929, Das dritte deutsche Kaiserreich に依拠している）。

※本章は、学術振興会科研費（22K02247）の助成を受けたものである。

図表・出典：

★図8-2-1　Manfred Berger 2015, *Gelobt sei alles, was hart macht !,* Akademieverlag.

【著者紹介】

勝山吉章（福岡大学：著者代表）：第1章〜3章　第7章2）第8章2）

江頭智宏（名古屋大学）　　　：第4章2）第6章1）第6章3）第7章3）
　　　　　　　　　　　　　　　第8章1）

江玉睦美（東九州短期大学）　：第4章1）第5章3）第6章2）

藤井利紀（岡崎女子短期大学）：第6章4）

松原岳行（九州産業大学）　　：第5章1）2）第7章1）第7章4）5）

いま、教室に生きる教育の思想と歴史

2023年4月1日　初版　第1刷　発行　　　　　　　　　定価はカバーに表示しています。

著者代表　　　勝山吉章
発行所　　　　（株）あいり出版
　　　　　　　〒 600-8436　京都市下京区室町通松原下る
　　　　　　　　　　　　　　元両替町 259-1　ベラジオ五条烏丸 305
　　　　　　　電話／FAX　075-344-4505　　http://airpub.jp/
発行者　　　　石黒憲一
印刷／製本　　モリモト印刷（株）